# PRIMERA INFANCIA

## *La Construcción Psicosocial*
## *De Un Ser Humano*

## PRESENTACIÓN DE LA COLECCIÓN

## MIGUEL HOFFMANN

**Hoffmann / CIAD**

**PRIMERA INFANCIA**

*La Construcción Psicosocial De Un Ser Humano*

Presentación de la Colección

**Miguel Hoffmann**

Primera Edición – 2013

Copyright©2013— Miguel Hoffmann

www.primerainfancia.com.ar

facebook.com/Hoffmann.J.Miguel

Arte de Portada – Publica Tu Libro

Foto del Autor: Colección Hoffmann / CIAD

Foto 'Peruvian Boy': Copyright ©Nir Geiger

Sitio Web: nir@webpals.com

Foto 'Dos Niñas'—Ignacio Söhn

Foto 'Cumpleaños' y 'Niños de la Calle'—Archivo Hoffmann/CIAD

Editor Ejecutivo – M. Pérez-Cotto

Hoffmann / CIAD

hoffmann.publica@gmail.com

Argentina

# ¡Síguenos!

**¡Síguenos en Facebook!**

**facebook.com/Hoffmann.J.Miguel**

**¡Síguenos en Twitter!**

**twitter.com/Miguel_Hoffmann**

*"Dedico este tomo a todos los colaboradores del CIATDE de la Calle Cabrera 4311 y su posterior transformación en el actual CIAD en Mansilla. Todos los esfuerzos realizados dieron esto como fruto y quiero compartirlo, en un grato recuerdo a todo lo construido en aquellos 12 años. A Soledad Martín por todo el empeño puesto en su continuación del trabajo de iniciativa, pero ahora en lactancia materna de 0-4 meses, como parte de su doctorado en Salamanca, que superó nuestras expectativas y también los resultados obtenidos por el primer estudio publicado en forma conjunta con Laura Popbla y Constanza Duhalde en 1998. La iniciativa termina por afianzarse, 30 años después de los primeros intentos por definirla, probarla y demostrarla."*

# Indice

# CIAD

## Centro de Investigación

## y Asistencia al Desarrollo

*www.primerainfancia.com.ar*

❧❧❧

*"... hemos articulado un programa de diferentes publicaciones, a modo de una colección, donde los primeros tomos que ya están confeccionados, darán el puntapié inicial para que luego se vaya completando progresivamente con la ayuda de numerosos colegas que actúan en este campo desde hace muchos años."*

꧁꧂

## PRESENTACIÓN DE LA COLECCIÓN

*Cristóbal Colón solo descubrió América. ¡Yo descubrí al Niño!*

*Víctor Hugo (1802-1885)* (Robertson, 1988)

### SÍNTESIS

Como comienzo de la síntesis anunciamos que: *no ofrecemos un recurso de respuestas rápidas y soluciones prontas*. Si bien puede ser negativo comenzar diciendo *lo que no haremos*, por otro lado nos parece un compromiso de honestidad intelectual de los autores con los lectores.

Que en cambio sí traeremos a la atención del lector temas trabajados concienzudamente por quienes han pasado muchos años estudiando y enseñando los temas de la primera infancia.

Inicialmente una colección de capítulos pareció suficiente para cubrir los principales temas que abarca el desarrollo infantil temprano, la **PRIMERA INFANCIA**, aquella etapa inicial del desarrollo humano. Luego de dos años de esfuerzos denodados, descubrí que sólo llegaría a cubrir fragmentos parciales de un campo del conocimiento al que en algún artículo designe como *"NUEVO CAMPO, del hacer y del saber"*, por la gran cantidad de información disponible en diferentes grados de elaboración y avance conceptual. Luego de esfuerzos de elaboración con la ayuda de amigos, colegas, y en especial de mi editora Márilyn Pérez-Cotto, llegamos a la conclusión que esta tarea excede en mucho el esfuerzo personal por más dedicación y empeño que se ponga.

Es así que entonces hemos articulado un programa de diferentes publicaciones, a modo de una colección, donde los primeros tomos que ya están confeccionados, darán el puntapié inicial para que luego se vaya completando progresivamente con la ayuda de numerosos colegas que actúan en este campo desde hace muchos años.

# Lo Antecedente[1]

Los relatos, en particular los técnicos, suelen comenzar con un análisis de los antecedentes. Aquí habrá un relato, la exposición de sucesivos temas conceptuales, analíticos y técnicos. Habrá diferentes relatores, de acuerdo a la complejidad de los temas y la especialización en los mismos que haya realizado cada uno. Esto implica que también será necesario incorporar un antecedente del relator.

Especialmente en las historias clínicas, médicas, psicológicas, de psicomotricidad o del orden que sea, se hace justamente un análisis de los antecedentes que llevaron a la situación actual que es motivo del procedimiento diagnóstico.

Esta aclaración es necesaria para que se comprenda el sentido de estas primeras páginas que traen los antecedentes de aquello que se propone relatar y de quién es el que lo relata. Esto último facilita la comprensión del camino que sigue una persona antes de culminar en una presentación que pretende explicar diferentes aspectos de un tema en particular.

## Antecedentes De Este Presentador

Además de los temas generales, que son universales, hemos puesto cierto énfasis en temas que atañen a la población iberoamericana, en particular el continente latinoamericano. Las invitaciones recibidas para hacer presentaciones en reuniones científicas o actuando como profesor invitado en distintos países de Latinoamérica, me abrieron mucho el panorama de lo que sucede con la primera infancia en este rincón del mundo. Uruguay y Brasil fueron fundamentales. Por la proximidad y por la creciente amistad que me unió desde la década del 80 con personajes destacados del trabajo en la Primera Infancia, resultó inevitable que trabajáramos juntos intentando diseminar los pocos conocimientos que habíamos ido adquiriendo. Además de ganar en experiencia en los ricos intercambios que siempre se dan cuando personas de buena voluntad se reúnen para resolver problemas en común. La temprana presencia en este territorio rioplatense de figuras del exterior, aportando las novedades que se iban generando en los grandes centros de elaboración del conocimiento,

---

[1] Primeras dos acepciones dadas al término por la RAE: 1. adj. Que antecede. 2. m. Acción, dicho o circunstancia que sirve para comprender o valorar hechos posteriores

tuvo una marcada influencia sobre todos nosotros. Figuras como Lebovici, Emde, Osofsky, verdaderos embajadores itinerantes de la primera infancia, hicieron grandes aportaciones, comenzando en 1988 -o sea que hace ahora 25 años -en la ciudad de Canela, en aquel evento que organizara Salvador Celia para la rama local de aquella organización internacional que todavía se presentaba como *psiquiatría de la primera infancia*. En octubre del mismo año nos volvimos a reunir, esta vez en el otro extremo del continente americano, en la ciudad de Toronto. Pronto decidimos hacer el segundo encuentro latinoamericano en ocasión del Congreso internacional de psicoanálisis a celebrarse en la ciudad de Buenos Aires en 1991 con la presencia de todos los miembros directivos de la Asociación Mundial que nos abarcaba en el campo de la primera infancia. El primer encuentro había sido el que organizó Celia en Canela. Como consecuencia del éxito del mismo formamos un comité entre Celia, Cherro Aguerre de Montevideo y yo, con un extenso comité científico que examinó las propuestas de ponencias, para la reunión de Buenos Aires.

El evento reunió un total de 500 concurrentes que participaron de las mesas redondas, y de los cinco cursos que se presentaron durante los cinco días. Entre ellos el que fue dictado por Lebovici - que reunió más participantes que lo que cabía en la sala, habiendo mucha gente de pie durante varias horas -el curso de **investigación** dado por Emde y Osofsky, además de un curso sobre la participación interdisciplinaria en neonatología, dictado por Peter Gorski, con mucha presencia de las principales figuras de dicho campo y numerosos pediatras y psicólogos. Esto para nombrar algo sin extendernos demasiado.

En 1993 volvimos a planificar un evento esta vez en la ciudad de Punta del Este en el mes de noviembre, contando con la concurrencia de cerca de 1000 concurrentes, algo que hasta ahora no hemos logrado superar en ningún otro evento de mi conocimiento. Con exclusión de varios de los Congresos Mundiales, que superaron estas cifras. Seguramente influyó la participación de más de 20 figuras de renombre internacional, presidentes de varias asociaciones de infancia y adolescencia, salud mental de primera infancia, y muchas de las asociaciones uruguayas, muy numerosas y organizadas y una fuerte participación del grupo brasilero, además de los primeros partícipes de países trasandinos. El profesor Cherro logró publicar un grueso volumen, hoy algo inimaginable, con casi todas las ponencias de dicho encuentro. Esto tampoco hemos logrado repetir en los años que han transcurrido desde entonces, casi 20.

Los que estábamos a cargo de este tipo de eventos nos empezamos a mover para generar en las fuerzas locales un interés suficiente para armar instituciones con fines específicos centrados en la primera infancia. No resultó fácil, y el formato que eligió Salvador Celia resultó muy exitoso, la **Semana do Bebé**, con 12 eventos llevados a cabo en vida de Salvador y la continuación de los mismos luego de su fallecimiento. Allí nos volvíamos a encontrar entre colegas regionales y con visitas del hemisferio norte en muchas oportunidades. Pero el germen principal de ese instrumento diseñado por Salvador Celia tuvo muchísimas consecuencias favorables, entre las que podemos nombrar la continuidad del evento, la participación de distintas ramas de la política y de la comunicación, la concurrencia de profesionales, técnicos, idóneos, voluntarios, miembros de organizaciones no gubernamentales, miembros de organizaciones internacionales, y el día de la culminación -sábado o domingo- según cada evento, de los padres con sus bebés.

Quizás el resultado más impactante a nivel social fue la formación de una red parlamentaria por la infancia, que reúne en Brasilia a cerca de 40 legisladores entre diputados y senadores del nivel federal, que produjeron en 2009 la primera ley a nivel mundial de los **derechos del bebe**. Esta red parlamentaria fue el resultado de un tejido prolongado e insistente que generó Salvador Celia con representantes del legislativo del Estado de Río Grande do Sul, el territorio en el cual está situado Canela, la Ciudad de este evento anual.

El deseo de constituir una nueva sociedad científica dedicada al campo de la primera infancia, chocó en nuestros países con diferentes obstáculos: en primer lugar, la mayoría de nosotros tenía como fuente de ingresos para sostenerse económicamente la actividad clínica en el campo privado o institucional rentado. En el hemisferio norte existen hace muchos años los cargos específicos de investigación y docencia decentemente remunerados como para poder hacer una dedicación de tiempo exclusivo a los objetivos de la misma. Esto no se da en este rincón del mundo, salvo muy contadas excepciones, o bien en el ámbito público, donde suele predominar el tinte político por sobre el tema científico. En el caso particular de Salvador Celia, se trataba de un hombre con una dedicación exclusiva en desmedro de muchas de sus necesidades personales, siempre sostenido y acompañado por su incansable y paciente Isabel. El apoyo de la figura del gobernador en la creación del proyecto *Vida*, le abrió las puertas a la salud mental comunitaria y, al cierre de aquel hermoso proyecto, inventó la *SEMANA DO BEBÉ*. Siempre asociado con la docencia y la clínica de consulta en su institución de Porto Alegre.

Los doctores Prego en Montevideo contaban con su clínica, un centro de atención pero también de docencia e investigación, del cual surgieron numerosos profesionales formados además de los miembros de la misma familia formada por Enrique Prego y Vida Maberino, con sus hijos y nueras. A esto se sumaba la acción del profesor Cherro Aguerre, quien ganó por concurso la cátedra de psiquiatría infantil de la Universidad de la República, reabierta luego de los años de dictadura. Allí formó a cantidades de profesionales. Podría seguir la lista con las numerosas agrupaciones profesionales dedicadas a la niñez y la adolescencia, con fuertes empeños de sus fundadores y autoridades, quienes desinteresadamente fueron construyendo una red institucional de formación e intercambios.

Personalmente fui desarrollando vínculos desde España hasta los países trasandinos como Chile y Perú, además de los conocidos sitios en Uruguay y Brasil. No sólo por la actividad docente, también participando de reuniones científicas, pero conociendo más en profundidad nuevos programas de asistencia a la primera infancia, modelos de prevención, sistemas de legislación orientada a la mejor entrada posible a ese nuevo ser en un mundo con demasiadas aristas como para resultar un cobijo simple y abarcativo. Estos contactos que se profundizaron a partir del siglo XXI, me dieron la idea de intentar una entidad que facilitara la acción conjunta, el compartir experiencias, la organización de encuentros, los intercambios hoy muy facilitados por los medios digitales cubiertos por el internet y sus derivados.

También durante la década del 2000 al 2010, me asocié con una figura destacada en el campo del desarrollo infantil temprano, la doctora Myrtha Chokler, que reúne una extensa formación que va desde la fonoaudiología, la psicomotricidad y el doctorado en psicología realizada en Francia, con el quehacer específico de la escuela de Lóczy, a la que representa en Latinoamérica. Primero a través de la red Pikler Argentina y desde hace unos años la red Pikler América. Los lazos académicos y de amistad nos llevaron a colaborar con la primera Especialización en Desarrollo Infantil Temprano, dictado en la Universidad de Cuyo, durante dos ciclos completos que formaron a dos camadas de especialistas. Algunos de ellos hoy ocupan cargos importantes en universidades del interior del país pero también en otros países, ya que teníamos alumnos provenientes de diferentes rincones de Latinoamérica.

La doctora Chokler es una incansable viajera que recorre el continente organizando la atención de la primera infancia con esa especie de síntesis -si es que puede haber algo así- de los principios básicos de la atención durante la primera infancia que le brinda el modelo Lóczy. En este quehacer la acompaña otra incansable viajera, Agnès Szantó, autora de numerosas publicaciones que complementan la enseñanza pragmática, y las muchas discusiones e intercambios con los agentes en contacto directo con el niño pequeño.

En la Argentina, la Sociedad Argentina de Pediatría, integró a partir de la década del 70 a psicoanalistas interesados en el desarrollo infantil temprano, formándose diferentes comisiones que realizaron una tarea docente y esclarecedora que se hizo sentir mucho en la formación de los pediatras argentinos. La persistente colaboración de Aurora Pérez, y otros miembros de los grupos psicoanalíticos y de la psicología social, fue impregnando el pensamiento pediátrico argentino de un fuerte componente interdisciplinario. Es difícil hacer nombres aquí, por la facilidad con que se puede omitir uno u otro, pero la mayoría de nosotros sabemos con quienes tenemos una deuda de gratitud. No puedo olvidar la experiencia de haber conocido personalmente a grandes figuras, por ejemplo Tonucci, en las presentaciones realizadas por la SAP y desde ahí mi profundo agradecimiento.

Sin embargo el trabajo en salud mental de la primera infancia tuvo un desarrollo tan grande a nivel mundial que era muy difícil asociarlo a otro campo muy extenso como lo es la pediatría. Por lo tanto se hacía necesario la creación de una asociación específica para el tema de los primeros años, y un primer intento realizado en 1999 con la colaboración de un grupo de la ciudad de Rosario y otro de Bahía Blanca, llegamos a trazar los lineamientos de esa primera asociación que rápidamente se vio afectada por la crisis profunda que quebró muchas iniciativas en el colapso del 2001.

Recién en el 2005 el regreso al país de Nora Woscoboinik, luego de unos 20 años en Francia y llena de un entusiasmo contagioso, me convocó a resucitar aquellos intentos y así surgió lo que hoy es la SAPI (www.sapi.org.ar). Esta organización con mucho esfuerzo de los miembros fundadores está llevando adelante una tarea muy valiosa pero no por eso menos laboriosa. Instalar este tema resulta complejo por las razones que iremos analizando a lo largo de esta colección. Los primeros resultados ya se han cosechado y eso da una esperanza para nuestro futuro como institución, pero más que nada para la Primera Infancia que requiere –y se merece- una organización dedicada a su estudio, investigación, divulgación, docencia y todo lo que le cabe a cualquier asociación científica.

Colegas de España han lanzado una maestría en desarrollo infantil temprano con un enorme esfuerzo. La colaboración con algunos de estos colegas en los últimos años, ha motivado lazos de amistad y de cooperación profesional. Por lo cual, serán partícipes activos en la confección de ciertos temas. La proximidad y la formación original de estos colegas conectan con la experiencia efectuada en Francia y Estados Unidos, con aquellos especialistas que más se han destacado en algunos temas. Pero siempre pensados y elaborados esos conocimientos por mentes inmersas en una cultura hispánica, que como en todos los casos admite las fuentes originales de otros modelos de pensamiento, pero siempre busca la posibilidad de aplicarlo a ese medio cultural en el cual se encuentran inmersos, y de donde surgen las necesidades propias de la tarea a cumplir.

En el caso de España, se da la convergencia de dos tipos de desarrollos conceptuales, uno en el campo de la **PRIMERA INFANCIA**, otro en el terreno de la comprensión del psiquismo en el cual el aparato psíquico es una parte de un todo. Esta corriente orientada hacia el mundo de las relaciones interpersonales, con la inclusión de los conceptos de la intersubjetividad, de la existencia de un Self o sí-mismo intercambiando con otro Self, o sea el encuentro entre dos seres humanos. Al agregar la especificación de "humanos" se abre el campo al terreno de la creatividad, de la trascendencia hacia el otro, pero también la trascendencia más allá de los elementos que determinan la regulación de las diferentes inclinaciones de las cuales es capaz un ser humano.

Expondremos al final de esta presentación los tres grandes cuerpos dentro de los cuales se ordenaran las numerosas contribuciones que esperamos se produzcan por parte de autores en parte ya comprometidos. A partir de esta presentación de la colección, que circulará entre los referentes en distintos países y regiones del territorio iberoamericano, se irán sumando tomos.

Más allá que en estos primeros tomos y en esta presentación de la colección, he tratado de dar una visión de conjunto, las cosas son más complejas si se entra en detalles. Habrá que esperar entonces una segunda instancia en esta confección de un compendio, que ahora preferimos llamar colección.

La idea de un compendio/colección de la primera infancia, será entonces una suerte de rompecabezas, que se seguirá armando pieza por pieza hasta que logremos una visión de conjunto.

## LO *ANTECEDENTE* AL DESCUBRIMIENTO DEL NIÑO

La interesante cita del poeta francés al comienzo de esta presentación, parece profética respecto al lento despertar de la importancia que tiene la infancia a partir del momento aproximado en que fue pronunciada, alrededor de 150 años atrás. Confirma también algo que han señalado varios psicoanalistas del campo de la psicología del Self en el sentido que los artistas suelen adelantarse en una o dos generaciones a lo que descubrimos los científicos o académicos.

Aquí mismo en esta presentación de la colección mostraré el pasaje que en ese lapso de tiempo recorre la infancia desde su *"edad de piedra"*, a un progresivo descubrimiento de su significación y valor.

La colección que aquí presentamos ha sido un enorme desafío para sus autores. Intentar cubrir temas provenientes de muchas disciplinas que confluyeron en la creación de este Nuevo Campo demanda la colaboración de numerosos especialistas.

La idea que la infancia es un *Nuevo Campo del saber y del hacer*, surgió precisamente como respuesta a lo que parece un programa que posiblemente lleve algunos años completar.

Como autor de los primeros tomos, he debido hacer una síntesis de una gran cantidad de conocimientos acumulados desde que inicié mi especialización en desarrollo infantil temprano y salud mental de la Primera Infancia hace más de 30 años. Pronto sentí que la tarea iba a demandar un inmenso esfuerzo y que era imposible de ser llevada a cabo por parte de una sola persona.

Los antecedentes que existen en este sentido, o sea la publicación de un manual de referencia sobre la primera infancia, fueron hechos en otro idioma y publicado en el año 2000 por la Asociación Mundial de Salud Mental de la Primera Infancia (WAIMH, su sigla en inglés). Desde entonces han pasado 13 años y no se ha vuelto a hacer otra edición.

Por otra parte, la actividad docente en postgrados, pero en especial el recorrido hecho en los diferentes programas de atención de la primera infancia por parte de distintos grupos estatales y no gubernamentales, demostró que hay una enorme ansiedad por aprender. Los que deben enfrentar día a día la compleja tarea de un jardín maternal, de un centro de atención temprana, de un consultorio de niño sano, los múltiples problemas que se presenta a quienes están organizando la prevención del abuso y la negligencia en el campo de la infancia, sabiendo que la lista de quienes se ocupan de la Primera Infancia podría ser muy larga, de intentar completarla.

Lo que en alguna época hacían el pediatra y la enfermera -con suerte acompañados de un trabajador social -en los consultorios de niño sano, hoy se ha ido delegando en numerosos actores comunitarios, técnicos, profesionales y voluntarios.

Si pensamos en la cantidad de títulos profesionales o de tecnicaturas que han surgido en los últimos 20 a 30 años, volveríamos a confeccionar una lista muy extensa.

La pregunta entonces es: ¿cómo dar respuesta a las necesidades casi infinitas de conocimientos, tanto teóricos como prácticos, en órdenes tan diferentes como el de la musicoterapia, el psiquiatra infanto-juvenil, la maestra de inicial, la ayudante de un jardín maternal de un municipio del tercer cordón de una megalópolis?

Afortunadamente cada grupo de técnicos, agentes comunitarios, profesionales y también los voluntarios, han ido generando sus propios elementos de contención y aprendizaje. Así es como las capacitaciones se realizan con periodicidad, especialmente en el campo educativo, pero también en el nivel de enfermería, o en las sociedades científicas que ofrecen postgrados o cursos de especialización y actualización.

Entonces no parece descabellada la idea de ofrecer una colección de temas tratados por especialistas en cada uno de los múltiples temas que hacen a la comprensión de un *ser emergente*, como lo es una beba recién nacida, que deberá recorrer un largo camino antes de ingresar al sistema educativo primario y eventualmente secundario u otros niveles.

No es nuestra intención ofrecer un recetario de soluciones rápidas y seguras, como aquellos vademécum que suelen usar los pediatras o los médicos en general, para resolver un tema diagnóstico o hacer una indicación terapéutica apropiada.

La primera infancia es un grupo *etáreo,* integrante de una familia o núcleo de convivencia, que a su vez se encuentra cobijada en una comunidad, formado en una cierta cultura que muestra caminos a seguir que fueron recorridos por generaciones anteriores. Y todo eso forma parte de una Sociedad, regida por un Estado en sus diferentes niveles.

Tiene una particularidad: ese grupo etáreo es tal vez el período más delicado en todo el desarrollo humano, desde el nacimiento hasta la muerte. Quizás, por el hecho de ser las primeras experiencias las que más nos suelen marcar para el resto de la vida. De allí la gran trascendencia y la inquietud y el deseo de comprender en sus detalles más pequeños cada paso en dicho proceso.

Proceso que involucra al menos dos elementos: a) una maduración; b) un desarrollo. La maduración es un proceso natural difícil de manipular, donde lo importante es evitar los desvíos y los eventuales accidentes que interrumpen esa maduración. El desarrollo en cambio puede verse favorecido y facilitado por las intervenciones de quienes rodean a esa *unidad madre-bebe* que es el núcleo original de todo ser emergente. Al decir de un gran conocedor: *"no hay tal cosa como un bebe",* aludiendo de este modo a la imposibilidad de imaginar que un bebé que no está al cuidado de una figura maternal pueda completar su maduración y su desarrollo.

Pasemos entonces al cuerpo principal de esta **PRESENTACIÓN DE LA COLECCIÓN**, recordando que el hecho de tratarse de una colección implica un número de volúmenes que irá creciendo mucho más allá de los primeros tres que comienzan a aparecer durante el corriente año.

# INTRODUCCIÓN

Los tiempos que vivimos son tiempos de urgencias. No hay mucho espacio  para la profundización, la lectura, la reflexión. A diario debemos responder a presiones y demandas de soluciones inmediatas de temas que urgen. Esto ocurre tanto en el plano personal como en el profesional.

La consecuencia ha sido una atomización del saber. Son pequeñas islas o provincias del conocimiento que habitamos y desde las cuales intentamos resolver los temas de la cotidianeidad.

Es así que ya poca gente puede proponerse indagar en los antecedentes y pormenores de las diferentes situaciones que se les presentan en su actividad laboral en relación con la infancia. Titulares de diarios, artículos de revistas de divulgación, suelen señalar con alarma una situación en un campo particular vinculado con la infancia. Por ejemplo leo en el diario de ayer domingo que se han detectado 400,000 niños medicados por déficit de atención con hiperactividad, en el ámbito de la ciudad de Buenos Aires. Dice el presidente del colegio de farmacéuticos en la nota, que entre el 20 y el 40% de los niños y pre-adolescentes es pasible de ser medicado con motivo de ese diagnóstico. Recibo de un colega español un trabajo sobre los trastornos del espectro autista en el que menciona que uno de cada 160 nacimientos está destinado a terminar con ese rótulo. Me alarmó, ya que cuando estudié 30 años atrás este tema, la cifra que manejábamos era de cuatro en 10,000 nacimientos. Claro, se trataba de autismos completos. Ya el concepto de *síndrome del espectro autista* amplía enormemente el rango de lo que puede entrar en dicha categoría. Pero poco tiempo después escuché en la televisión internacional que el Centro de Detección de Enfermedades de los Estados Unidos de Norteamérica menciona una cifra aún más alarmante de uno en cada 96 nacimientos.

Claramente algo está pasando que no alcanzamos a comprender plenamente. Pero en esto no estamos solos; los que nos ocupamos de la salud mental infantil- o bien de distintos aspectos del desarrollo infantil temprano- no somos una excepción dentro del grupo de expertos que manejan diferentes aspectos de la realidad que vive el ser humano. Tanto en lo que hace a los cambios climáticos, los fenómenos catastróficos de la economía, los interminables conflictos de índole religiosa, racial, territorial, ocupan los titulares de los diarios, y por ende la mente de la población. Lo mismo sucede con la creciente divulgación de hechos de violencia, tanto raciales como de género y la que cae sobre la infancia; o la que se produce entre adolescentes, sin olvidar aquella que acompaña a los hechos delictivos. La persistencia del hambre o la carencia de agua de casi un tercio de la población humana, los millones de huérfanos de padre y madre como consecuencia del SIDA en el continente africano, los cientos de millones de pobladores desplazados de quienes vemos ocasionales imágenes de campamentos que avergüenzan a quien se sienta un miembro del género humano, nos resulta difícil de aceptar y a la vez no encontramos respuestas colectivas eficaces para estos males.

Pero esta colección tiene un propósito por suerte mucho más limitado y a la vez hace una propuesta que no será fácil de implementar: *entender cómo surgió -y desde donde emergió -la infancia que vamos conociendo día a día, a medida que se suman innumerables contribuciones al tema.*

Recuerdo una conferencia dada por el conocido escritor italiano Umberto Eco en Buenos Aires en 1997. Allí dijo una cosa que me quedó grabada, a diferencia de tantas otras de las que sólo guardo un recuerdo incierto. La frase que me llamó la atención explicaba que todas las mañanas dedicaba la primera hora del día a decidir qué cosas *no* iba a hacer. Ese método había surgido de la necesidad de limitar el campo de la oferta al marco de lo posible. Creo que es una excelente propuesta que personalmente asocio además con uno de los principios de la meditación, que es la búsqueda de permanecer en el presente, sin perderse en divagaciones sobre el pasado o perderse en imaginaciones sobre el futuro. Tarea difícil.

Aun sabiendo estas cosas que expongo, **decidí correr el riesgo de proponer esta colección, que será un recorrido, casi con seguridad incompleto , de cómo se llegó al conocimiento que hoy disponemos para la comprensión de la infancia.**

En vista de los párrafos anteriores, no sé qué posibilidades tiene de ser utilizada pero quizás en forma parcial sirva a unos y a otros. Adicionalmente, podrá servir de punto de partida para las correcciones que se consideren necesarias, las ampliaciones inevitables de temas resumidos, y completar todos los aspectos vinculados a ese tercer segmento que vamos a describir más abajo en esta Presentación.

Desde ya que ésta no es una tarea que se puede emprender a solas. Será necesario que numerosos colegas contribuyan a su progresiva construcción, y sólo esta presentación y los primeros tres tomos darán una muestra de cómo fui entrando en este nuevo campo del saber y del hacer.

## EL FORMATO

La presentación elegida surgió en realidad de las restricciones que impone el formato digital, quizás el más económico para publicar, **tanto en papel**[2] como por intermedio de ese nuevo universo virtual que ha creado el Internet. Serán entonces pequeños tomos de unas 200 páginas que abarcarán cada uno un prólogo y dos a tres capítulos, según la extensión de los mismos.

Estarán disponibles en el formato de libro electrónico, aquello que se puede leer en una computadora, o los sucedáneos modernos incluyendo los nuevos teléfonos inteligentes. Si hemos honrado a Gutenberg, y al que seguiremos honrando, no puedo recordar quién generó esta revolución en las posibilidades de divulgar conocimientos. De todos modos, mi homenaje más sincero.

Esto que inicialmente parecía una negación de lo que busca ser un compendio sobre la infancia, (imagen de un grueso volumen), terminó resultando una manera apropiada al método elegido por Umberto Eco para organizar su día de trabajo: **adecuar lo mucho –de la oferta- a lo posible para el receptor/lector/a.**

Más adelante en este mismo texto de Presentación veremos con más detalle el orden que hemos podido diseñar hasta aquí para hacer manejable la confección de un compendio que abarque aspectos muy diferentes de la infancia, ya que deberemos ocuparnos de al menos TRES grandes territorios de la información sobre la misma.

Veamos ahora brevemente cuál es la infancia que nos rodea, aquí y ahora.

## LA INFANCIA QUE VEMOS HOY

Papás con bebés en brazos en la sala de espera del pediatra, empujando un carrito con una gordita de 4 o 5 meses, llevando al jardín maternal a una deambuladora de dos años, retirando del jardín o preescolar a su niño de 4 o 5

---

[2] las imprentas digitales en su mayoría, ofrecen costos mucho más bajos que los métodos de impresión tradicionales, pero en un número más limitado de páginas y en ediciones de menor volumen.

años, no era una imagen frecuente cuando me tocó personalmente criar a mis hijos a fines de la década del 60 y comienzos del 70. En el plazo de una sola generación se produjo un enorme cambio, tanto más grande teniendo en cuenta que la Argentina -en general en los países vecinos también - se consideraba al varón un machista irrecuperable.

Pero aquí se presenta ya un primer problema: ¿esta imagen se puede generalizar a toda la población?

Difícilmente. Es probable que en ambos extremos de la escala socioeconómica esta imagen se vaya diluyendo en la medida en que se aproxima a los extremos de la campana de Gauss.

Quienes transiten los servicios públicos de atención primaria de salud, o centros especializados como los de Atención Temprana, o más aun los que trabajan en el ámbito social, seguramente observan un panorama muy diferente a esa primera descripción que parece casi un afiche publicitario. ¿Y por qué un panorama tan distinto?

Tratemos de explicarlo: a medida que se deteriora la situación socioeconómica del núcleo familiar, que también ahora acostumbra llamarse núcleo de convivencia, ya que los lazos establecidos no mantienen la estabilidad que tenían en otros tiempos. Las migraciones en busca de trabajo hacen que se desmiembren las organizaciones familiares de origen, perdiéndose el amparo que brindan figuras parentales y los miembros de la familia extendida. A esto se suma la pérdida de los hábitos culturales que rigen en las distintas zonas de origen de los migrantes, cambia mucho el ritmo en el cual se vive en las grandes ciudades respecto a los pequeños pueblos del interior de cualquier país y otros muchos factores. También se suma el hecho del cambio frecuente de parejas, de modo que "mamá" y "papá", no siempre son los mismos para todos los chicos que conviven bajo un mismo techo con una mujer y un hombre, adultos y que están a cargo de esos niños.

También se va deteriorando esa característica del "hacerse cargo". El incremento de las adicciones en poblaciones marginales ha sido detectado hace mucho tiempo y ya es un hecho establecido cuando se aborda conceptualmente núcleos poblacionales de diferentes grados de marginación socioeconómica. Antiguamente el alcoholismo, modernamente combinado con el uso de diferentes tipos de drogas, son un elemento que distorsiona la capacidad de cuidado que puede tener un adulto que tiene a su cargo uno o varios niños.

En este sentido también el número de niños que componen un núcleo de convivencia, es un factor importante, y en los estudios de resiliencia se pudo establecer que cuantos más niños conviven con uno o dos adultos que ejercen las funciones de cuidado, más deterioro se suele observar en el desarrollo de esa infancia.

"...Durante el siglo XIX, a medida que las clases sociales más altas comenzaron a ver que los niños tenían necesidades propias en lugar de adecuarse a las necesidades de la familia -y, por consiguiente, empezaron a tener menos hijos- sus tasas de mortalidad infantil empezaron a disminuir. Y a medida que la tendencia a formar familias más pequeñas se extendía a las clases sociales inferiores, la de ellos disminuyó también. No es cierto que esto haya sido una coincidencia, ya que el tamaño familiar es un excelente predictor de supervivencia infantil aún hoy en día. *Los niños pequeños de familias grandes siguen padeciendo de más infecciones, más accidentes, y una tasa de mortalidad total más elevada que los niños de familias pequeñas, sin considerar la clase social.* En efecto, tal como lo demostró el sociólogo de la Universidad de Columbia Joe D. Wray en 1971, los efectos del tamaño o extensión familiar pueden pesar más que los de la clase social*: un hijo único de una familia pobre tiene casi la misma posibilidad de sobrevivir el primer año de vida que un chico que nace en una familia de profesionales pero que tiene cuatro o más hermanos. ...*" (Sagan, 1991)

Las cuatro ilustraciones de la cubierta de este cuadernillo, son una pequeña muestra arbitraria, de las descripciones que podemos hacer. Si digo arbitraria, es porque difícilmente estas pocas imágenes representen todo el espectro de posibilidades de agrupación de niños pequeños en las diversas culturas y sociedades en las que está dividida la población de nuestro mundo actual.

## ¿LA INFANCIA SIEMPRE FUE ASÍ?

Si damos unos pasos atrás y tomamos una perspectiva histórica de donde viene la actual infancia, muchos tendrán una sorpresa desagradable y difícilmente comprensible.

**Antecedentes Históricos**: el infanticidio no se consideraba crimen hasta el siglo cuarto de nuestra era y no fue perseguido legalmente hasta bien entrado el siglo XV. Cuando comenzó a ser un delito penado, aumentaron notablemente los "accidentes" en los que perecían los menores. Esto causó un problema tal que en el imperio austrohúngaro se hizo una ley que prohibía expresamente el colecho con menores de dos años. En el reino de Prusia se dictó una ley similar prohibiendo la misma práctica hasta los cinco años cumplidos por el menor. Esas leyes pretendían limitar el número de muertes por aplastamiento, motivo aducido con frecuencia en casos de infanticidio. Si el hijo no era deseado y no se lo mataba, se le exponía en la puerta de la casa o en alguno de los basurales para que de allí fuese adoptado por alguien o bien muriese.

Esto ya era común y aceptado en la Roma imperial hasta su caída (Aries, Geschichte der Kindheit (Historia de la Infancia), 1960 (1988)).

Recién en el siglo XVII surge la institución de los asilos de expósitos con la obra de San Vicente de Paul. También en Londres un marino retirado abre su hogar a los chicos expósitos en 1740. Relatan las crónicas que en un solo día llegaban hasta 116 bebés para su albergue; obviamente no podía recibir dicha cantidad y su esfuerzo, individual y privado, se vio limitado por los recursos con que contaba. En 1863 la ciudad de Nueva York abre su primera institución específica, por el problema social que constituían los frecuentes abandonos en la calle de bebés no deseados.

Cuentan Klaus y Regina Minde (Minde, 1986) en su libro *Psiquiatría Infantil* que una estadística del jefe de policía de la ciudad de París confeccionada en el año 1762 da cuenta de 21,000 nacimientos en dicho año. De éstos bebés, 17,000 fueron enviados al campo para ser criados allí por madres sustitutas y nodrizas; otros 2000 a 3000 fueron a albergues pagos en los suburbios de la ciudad. Otros 700 eran entregados a una nodriza radicada dentro de la casa de los padres y tan sólo 700 eran criados por su propia madre.

Si los chicos quedaban con los padres, es decir no eran muertos o abandonados, su destino no era necesariamente ideal. Según Minde la práctica de drogar a los chicos era común y corriente. Se utilizaba el opio - por lo menos desde el siglo X -o bien el alcohol y hasta muy avanzado el siglo pasado (como esto se publicó en el siglo XX, las referencias son al siglo XIX). En una sola ciudad inglesa se registró en el siglo XIX la venta semanal de hasta 12,000 dosis de opio. El fajado de los bebés con una cinta envolviéndolos de pies a cabezas era una práctica emparentada con la sedación y se ha utilizado hasta tiempos muy recientes y habrá quien lo recuerde de cuentos o de haberlo visto con sus propios ojos. Según Minde - de quién extraemos estas citas -ambas prácticas pueden haber tenido un efecto sedante manifiesto y de esta manera evitaban un mal mayor, como podría haber sido el maltrato; habrían sido recursos adaptativos que implicaban un mal menor. Para poder tomar una postura ante esta manifestación tendríamos que recuperar el espíritu de la época que reinaba en la cultura respectiva y que aparentemente otorgaba a los niños un espacio muy reducido y derechos prácticamente declamatorios, sin sustento real.

Recuerdo un comentario de James Anthony sobre una costumbre del siglo XVIII en la ciudad de París que consistía en jugar a arrojarse los bebés fajados. A veces se caían y se fracturaban. Eso había llevado a una queja de los médicos de los hospitales de la ciudad, por la frecuencia de este tipo de daños.

En los dos grandes tratados sobre historia de la infancia y la niñez encontramos explicaciones diferentes y divergentes.

Ambos tratadistas coinciden en reseñar la práctica del infanticidio y el abandono. Las divergencias principales radican -muy sintéticamente -en lo siguiente: para Aries ( (Aries, Centuries of Childhood, 1965) (Aries, Geschichte der Kindheit (Historia de la Infancia), 1960 (1988)) no hubo diferenciación entre niñez y vida adulta hasta hace unos pocos siglos. Los niños participaban en un todo de la vida de los adultos desde el momento en que podían caminar. No se distinguían en la vestimenta ni en las actividades, ya que desde muy pequeños formaban parte del grupo que era uno sólo, adultos y niños combinados. No se los excluía deliberadamente de ninguna tarea como tampoco de ningún entretenimiento. Esto estaba en parte reflejado también en la falta de discriminación propia de los grandes grupos de convivencia que todavía persistían sin una división en grupos familiares formados por un padre y una madre y sus hijos. Más bien todos los hijos de un matrimonio una vez casados seguían conviviendo con sus padres y ya con sus propios hijos de modo que primos, como tías y tíos, abuelos y padres formaban un gran grupo familiar. Se solía agregar la tercera generación, o sea los hijos de los hijos, conviviendo entonces la generación de nietos. La generación de padres y la generación de abuelos.

En las costumbres sociales no existían las normas vigentes en la actualidad sobre el ocultamiento ante los niños de ciertas prácticas o conversaciones de los adultos. Según Aries esto recién se inició cuando las organizaciones eclesiásticas comenzaron a intervenir con mayor fuerza, especialmente cuando asumieron las diferentes formas de educación. Este último elemento es crucial en el relato histórico de este sociólogo francés; cuando la educación pasa a ser un asunto que no se realiza dentro de la familia y cuando comienza además a transformarse en una actividad programada y *orientada a una cierta idea de lo que el ser humano debería ser*, comenzaron a diferenciarse los niños de los adultos. Para Aries este último proceso, el de la delegación progresiva de la educación, en parte con participación de las autoridades eclesiásticas pero también de las laicas, da lugar también, o es simultáneo con la fragmentación de los grandes grupos y la progresiva organización de la familia en el estilo habitual que tomó durante los últimos dos o tres siglos. Comienzan a vivir en forma separada la pareja y sus hijos del resto de la familia extendida. Obviamente esto está ligado a modificaciones en la organización económica de la sociedad, lo que permitiría también esta reorganización con mayor facilidad en ciertos estratos (Burgière, Klapish-Zuber, & Zonabend, 1986). La estructuración de la burguesía se acompañaría entonces, según la visión de Aries, de la delegación de la educación, la separación del niño en la vida del adulto, la aparición de ciertas prohibiciones, la discriminación de situaciones y temas no aptos para niños, la constitución de la familia nuclear y las diferenciaciones económicas. Todo esto relacionado con la mayor intervención de la Iglesia y el Estado en la vida individual. En esta descripción de Aries, el hecho de que los niños efectuaran tareas laborales no es visto como un maltrato, un abuso. Sería parte de una forma de organización social, comunitaria, colectiva, donde todos participan a su manera de las actividades laborales pero también de las diversiones y recreación. Aries tampoco dice expresamente que no se diera maltrato pero en todo caso sería una situación especial dentro de un contexto normal de participación del niño en la vida de los adultos.

En la otra punta está el raconto que hace de Mause (Mause de, 1988) que usa el siguiente subtítulo para su tratado sobre Historia de la Infancia: *la historia nunca contada del abuso de los niños*.

Para de Mause una cultura se mide por el trato dado a su niñez. Algo así como "dime como tratas a tu niños y te diré cuánta cultura tienes". Es un enfoque que él define como evolutivo, implicando la idea de un desarrollo. Dentro de esta evolución la psicología es un elemento central, el lugar que ocupan los afectos, la forma de expresarlos, las conductas derivadas de los mismos, va cambiando a medida que un individuo, tanto como una cultura, van modificándose. Por ejemplo para este autor los cambios que se dan en una sociedad o en una cultura no se deben a transformaciones tecnológicas (por ejemplo la revolución industrial) o políticas (por ejemplo la Revolución Francesa). Es al revés; dichas transformaciones en el campo tecnológico o político se dan como consecuencia de modificaciones profundas en el funcionamiento psicológico de dicha cultura lo cual a su vez es la expresión de transformaciones individuales que fueron llevando a dicho cambio colectivo. Este autor se define como un psico-historiador. También ha sido el fundador de la Sociedad de Psicohistoria que funciona en la ciudad de Nueva York.

Este criterio de direccionalidad: desde el individuo al grupo cultural o social, seguramente será discutido por otros autores, pero no es aquí el objetivo de nuestro trabajo detenernos en cuál es la dirección que toman los cambios, si del individuo a la sociedad o si de la sociedad hacia el individuo. Seguramente hay una interacción de ambas fuerzas y una construcción progresiva de los cambios en el individuo y en la sociedad. Es más, en un capítulo previsto en esta colección se hablará concretamente del concepto de **Reciprocidad**, que introdujo en el estudio de la diada madre bebé el criterio de dos sujetos interactuando y de ese modo influyéndose recíprocamente. Esto a su vez dio lugar al desarrollo de otro descubrimiento, otro mojón en el camino de la comprensión progresiva del comportamiento del Infante humano. Se trata de la propuesta del **Sistema de Regulación Mutua**, que también será explicado en uno de los tomos de esta colección.

En las descripciones que hace de Mause de las diferentes etapas que ha pasado la infancia en las culturas que nos antecedieron se nota claramente ese enfoque evolutivo en el sentido de un progresivo cambio hacia la modalidad que estamos acostumbrados a ver hoy en día. Para de Mause la "edad de piedra" de la infancia está sólo unos pocos siglos hacia atrás en la historia de occidente.

¿Que pensamos por ejemplo del hecho que un cuerpo colegiado internacional como las Naciones Unidas haya emitido hace muy poco una declaración sobre los derechos del niño y que dicha declaración contiene el enunciado de derechos tan elementales como el siguiente: "... los estados partes reconocen el derecho del niño al descanso y al esparcimiento, al juego y las actividades recreativas apropiadas para su edad y a participar libremente en la vida cultural y de las artes...?" (Artículo número 31 del GACU).

Si las Naciones Unidas consideran que es necesario aclarar y especificar de este modo esta cláusula y si además se agregan otras sobre la prohibición de la explotación económica y sexual, sobre el tráfico y venta de niños, la necesidad de preservarlos de drogas y de su enrolamiento como milicianos, o que tienen derecho a la educación, la salud y la vida, debemos preguntarnos si la mencionada edad de piedra de la cultura respecto de estos niños está tan lejos en nuestra historia.

Y no es que no podamos imaginarnos que todo eso ocurre, si lo podemos ver todos los días en los diarios o verlo en los márgenes de grandes ciudades, estaciones de ferrocarril, subterráneos o en los semáforos de las avenidas donde chicos de siete u ocho años llevan alzados bebés de meses, para facilitar su tarea de solicitar dinero a los transeúntes. No hace falta acudir a noticieros televisivos que hablan de la situación en África, Asia u otros lugares remotos para obtener ese tipo de imágenes. Aunque sí nos brindan las de niños-soldados, púberes ofreciéndose en prostitución, infantes en estados de grave desnutrición.

¿Qué postura tomaban los poetas y los filósofos ante la infancia? En realidad contamos con información más extensa recién a partir de los siglos 17 y 18. En general la poesía recomendaba el cuidado materno directo, el amamantamiento por parte de la madre no de la nodriza de modo de asegurar que el niño incorporara los pareceres de la madre.

¡Qué curioso que los poetas se anticiparán con tanto tiempo a los descubrimientos que sobrevendrían dos o tres siglos después! No sólo la idea del amamantamiento materno, hoy casi un paradigma inamovible; llama la atención la asociación que realizan los poetas entre el amamantamiento en el pecho materno con la asimilación de características de la madre. Este concepto de internalización, que más adelante también se conceptualizó como identificación introyectiva, o simplemente identificación, estaba muy pero muy lejos de ser pensado por nadie más.

En la filosofía contamos con escritos de la época del siglo XVII, en especial Locke (1632 -1704) que favorecía un desarrollo libre y espontáneo del niño. Recomendaba permitir y favorecer el juego con juguetes y tener una actitud tolerante. Creía que los bebés nacían como seres complejos con una importante dotación que en su desarrollo puede quedar oculta, sepultada, o que emerge plenamente.

Nuevamente me impresiona el grado de intuición y captación lúcida de este filósofo. Habiendo estudiado en los últimos 30 años la iniciativa en bebés de cuatro a 12 meses, completado recientemente por la doctorando Soledad Martín en el periodo comprendido de cero a cuatro meses, podemos decir que existe dicha iniciativa desde el nacimiento pero que su desarrollo depende fuertemente de las respuestas ambientales a la misma.

¡Como quisiéramos hoy que las palabras de Locke tuviesen el peso necesario para convencer íntimamente a las mamás sobre las necesidades de los bebés de expresarse libre y espontáneamente!

No es que esto no sea declamado verbalmente por muchas mamás, sólo que los **hechos** son lo que llamamos muchas veces *el codo que borra lo escrito con la palabra*. O sea, se dice que es bueno ser espontáneo y libre, mientras se obstruyen las expresiones y manifestaciones de esta libertad espontánea y natural.

Espero poder mostrar en los capítulos correspondientes la íntima relación que existe entre la espontaneidad y el acto creativo, la creatividad en general. Veremos esto cuando nos ocuparemos de un autor en particular, Donald Winnicott.

Lo mismo ocurre con el concepto de Locke sobre bebés que nacen con una dotación compleja e importante para desarrollar, que eventualmente podría echarse a perder, o sea no lograr desplegarse plenamente.

Un siglo después tal vez el filósofo más influyente en la educación fue Jean Jacques Rousseau (1712 -1778). Predijo importantes cambios sociales en la familia y en la moral si la madre finalmente aceptara hacerse cargo del cuidado de sus propios hijos. No confiaba tanto en el buen criterio de los padres pensando que le robarían la infancia llevándolos prematuramente a las tareas propias de la adultez, en especial usarlos como fuerza de trabajo.

Rousseau favorecía el ejercicio de la libertad en el movimiento y que no se ejerciera demasiada influencia sobre el desarrollo mental intentando regularlo, limitarlo o encausarlo por caminos demasiado rígidos.

Sin embargo Rousseau abogaba también por la contención de las "pasiones" que traían consigo los bebés. En esto mostró un poco la desconfianza hacia el ser humano en su inicio, algo parecido a la necesidad de encausarlo y preservarlo de fuerzas que podían llevarlo por el mal camino. Éste había sido el núcleo de la propuesta de otro filósofo del siglo XVII, contemporáneo de Locke, pero sólo por un breve período de tiempo ya que había nacido con anterioridad. Me refiero aquí a Hobbes, que tomó la frase de Plauto, escritor del siglo II a. C. y que había hablado *del hombre lobo de hombres*. Hobbes lleva esto a su teoría política, considerando que la naturaleza humana es peligrosa para sus congéneres.

Recién hacia fines de ese siglo XVIII aparece en la obra de Pestalozzi algo de lo que hoy en día tenemos como una idea sobre la infancia. Este educador suizo que publicó en 1801 una serie de "cartas a madres" creía firmemente en que el agente principal responsable del desarrollo infantil era el "amor maternal", expresado principalmente en la presencia y preocupación de la madre por el desarrollo de su bebé. Aconsejaba una cierta estimulación desde las primeras semanas de vida lejos de aquel concepto de aislamiento y de segregación o fajado de los bebés usual en esos tiempos. Pestalozzi consideraba que este comportamiento estimulante podía favorecer el desarrollo sensorial, la atención y la comprensión. Todo esto fue aplicado luego por este pedagogo a sus conceptos sobre la enseñanza y las modalidades de la misma.

## LA INFANCIA EN LA SOCIEDAD Y EN LA CULTURA

### *¿Podemos decir que aquella "infancia histórica" ha quedado superada?*

Quizás sólo de manera parcial, pero siguen apareciendo en la civilización contemporánea los fenómenos descritos por los historiadores a los que hemos hecho referencia en el apartado anterior.

Desde ya, considero que se trata de una cuestión de proporciones: es decir, lo que aún perdura de aquellas prácticas indeseables, censurables o directamente criminosas y sujetas a la ley penal, tiende a una disminución progresiva en la medida en que avanzan las acciones que van tomando los organismos internacionales, los estados nacionales suscriptores de los acuerdos (por ejemplo de los derechos del niño) y la misma comunidad que rodea al chico.

Sin duda que el incremento en la masa de conocimientos que se produjo a lo largo de los últimos dos siglos, ha tenido un efecto esclarecedor sobre grandes masas poblacionales. De este modo se va penetrando en el espacio mental de las personas que tienen a su cargo la infancia. Se trata en general de los padres, pero también y en forma creciente de una cantidad cada vez mayor de agentes comunitarios, agentes de salud, incluyendo la salud mental que progresivamente ha ido ganando mucho terreno en relación al trato con la infancia. Un sector de creciente importancia en la relación con la infancia ha sido por supuesto todo aquello que tiene que ver con la educación. Recordemos brevemente que se incorporó a la educación tradicional, los jardines de infantes que vienen del siglo XIX, pero que fueron progresando y perfeccionándose en muchos casos. Más recientemente en las últimas décadas, hemos visto aparecer la educación inicial como una forma de abarcar períodos no comprendidos por el jardín de infantes y que caían dentro de la categoría de lo que atendían los jardines maternales. Recordemos también que el concepto de jardín maternal se fue desarrollando lentamente a medida que el concepto de "guardería" fue tomando características de algo desvalorizado por ese concepto de guarda, tanto como una cierta cualidad de depósito de niños pequeños.

Otro progreso sustancial viene de los poderes legislativos en los diferentes niveles del Estado, que intentan contribuir leyes y reglamentaciones que atiendan a los aspectos esenciales que la ciencia fue arrimando a la cultura y a la política.

Al mismo tiempo desde el poder ejecutivo -en diferentes países a los que he tenido acceso informativo por experiencia personal-, se han creado ministerios específicos como por ejemplo el Ministerio de Desarrollo Humano. Tanto desde este ministerio nuevo como de los ya existentes, como el Ministerio de Salud Pública, se han desarrollado numerosos planes que buscan proteger y acompañar el desarrollo infantil temprano desde etapas iniciales y hasta que se considere necesario efectuar dicha tutela de los procedimientos adecuados.

Será necesario ir comprobando cómo progresan las diferentes iniciativas tanto legislativas como los programas provenientes del poder ejecutivo y la incidencia que tienen para modificar progresivamente el trato dado a la infancia. No es este el lugar para hacerlo, pero seguramente habrá en esta colección autores que asuman el papel de investigar y publicar los resultados que tienen las políticas y su ejecución en el bienestar de la infancia. En un breve artículo publicado en una revista para docentes me preguntaba, y a la vez usaba esa pregunta como una invitación a reflexionar, *¿cuándo se hace carne una ley?*

Esta pregunta nos lleva al proceso de incorporación cultural y personal de las pautas consideradas deseables para la crianza y los cuidados que deben prodigarse a la infancia. La asimilación puede ser muy rápida en personas esclarecidas, que además no sufren mayores problemas de subsistencia y que tienen acceso a fuentes de información de alta calidad. Cada vez es más frecuente la discusión acerca de las llamadas *pautas de crianza*, y esto en diferentes estratos socioeconómicos de la población. Esto es un proceso que van realizando los progenitores, pero quienes están en el campo educativo permanentemente buscan actualizaciones para modificar su comprensión y consiguiente abordaje de los temas en relación con la infancia.

La referencia hecha a los niveles de la información y procesamiento, facilitado en los grupos con acceso a fuentes de información y escasas preocupaciones por la subsistencia inmediata, me lleva a mencionar aquí una publicación que debe formar parte de la biblioteca de aquellas personas interesadas en el desarrollo humano. Se trata del libro publicado por el CEPAUR de Chile con el título "Desarrollo a Escala Humana". Copio aquí el link a la publicación completa:

http://www.max-neef.cl/download/Max-Neef_Desarrollo_a_escala_humana.pdf

Traigo a comentario esta publicación, que habla de las siete pobrezas y los correspondientes satisfactores. Fue para mí una novedad encontrar una descripción tan clara que relativiza la idea tan difundida que la pobreza es un tema de alimento y techo, aunque progresivamente se fue incorporando el derecho a la educación, pero aquí se proponen otros derechos que incumplidos llevan a la correspondiente pobreza: el derecho a la identidad, el derecho la pertenencia, el derecho a la participación en las cosas del bien común, entre otras cosas.

cae ga

# Capítulo I

## Causales De Aquella 'Infancia Histórica' Grado De Persistencia En El Presente

*"… no me dejaba dormir, me tenía podrido. Además no tenía documentos, así que si la mataba nadie podría comprobar que ya había existido."*

*"Así resumía este hombre, ante la jueza de instrucción, las razones que lo llevaron a matar a golpes a su pequeña hijastra de cinco años de edad y abandonar después en la Casa Cuna a otras dos criaturas menores de dos años, también golpeadas y con signos de desnutrición. La pequeña asesinada había recibido ese domingo a la noche el castigo acostumbrado por llorar. Sólo que esta vez los golpes la mataron..."* Hasta aquí la cita periodística **(Página 12, 17/3/1990)**.

Una pareja asesina, violenta, que ignora los derechos de todos. ¿Será un caso aislado? ¿Es un fenómeno circunscrito a la mente criminal de algunos desviados?

Los periodistas hablaron con los médicos y es así como sigue la nota: "*… los médicos -residentes en su mayoría -parecen haberse vacunado contra el espanto;* **no te queda otra, dicen, acá se ven casos similares todos los días, cada vez más y nosotros tenemos que seguir en pie haciendo lo que se pueda. Para ustedes es más fácil, vienen con las cámaras una vez, se asombran, le ponen lindas palabras a la indignación y se van, se borran…"**.

Me habían invitado a presentar una ponencia en el Congreso de 1994 en la ciudad de San Francisco de la Asociación Mundial de Psiquiatría de Niños y Adolescencia (IAACAPAP), junto a dos muy distinguidos colegas, cada uno representando un continente o subcontinente. Mi preparación consistió en un relevamiento de datos en la República Argentina, lo cual ya significó un trabajo muy complicado de llevar a cabo: había muy pocas estadísticas -estoy hablando de los años 1992 y 1993. En aquel momento concurría a nuestra institución, el CIAD, un becario extranjero, a quien encomendé contribuir al relevamiento de datos. Consiguió hablar con el encargado de violencia del Hospital de Niños de la ciudad de Buenos Aires y de la Casa Cuna de la misma ciudad. Ambos servicios a cargo de prestigiosos colegas, de cuya labor dedicada y esforzada me habían llegado numerosos testimonios.

Pero la sorpresa fue la del becario. Me informó que en el hospital más grande había encontrado una estadística que reunía a unos 4000 casos en el término de dos años y en el otro algo más de 1500 en igual período. La causa de su asombro era que en la ciudad de la que él provenía, con una población de 1 millón de habitantes, había 50,000 denuncias por año por causas de abuso y negligencia y abandono.

La pregunta que surgía inmediatamente era si éramos tanto más buenos aquí que allí. Pero la respuesta también fue relativamente sencilla: entendimos que contábamos con escasos registros, falta de denuncias, o sea una información incompleta de la verdadera situación del abuso, de la negligencia o del abandono.

Ahí decidí afiliarme a la asociación mundial de maltrato abuso y negligencia ISPCAN[3] (www.ispcan.org), que produce una excelente publicación mensual y decidí tomar en cuenta seriamente este tema, tanto en los casos eventuales de consulta que se hacían por medio del consultorio externo de la institución, como en los elementos de mis pacientes privados.

Una psicoanalista de niños había publicado un trabajo sobre el abuso sexual infantil que se refiere en algunas oportunidades a la escritora británica Virginia Woolf. Como la mayoría de ustedes sabrá, esta escritora terminó suicidándose y en general se atribuyó dicho suicidio a la imposibilidad de elaborar adecuadamente los abusos sexuales a los que había sido sometida por alguno de sus hermanos. Cito del artículo de la psicoanalista norteamericana: "… *el lector ocasional puede tratar la ficción de Virginia Woolf, a raíz de estos "síntomas" del mismo modo en que es tratada con asiduidad una verdadera víctima de abuso sexual en la infancia: con aburrimiento, ignorancia y falta de respuesta…"* (Terr, 1990), p. 533.

A partir de ese momento tomé la cita mencionada, adhiriendo a la postura de Terr, que refleja el trato dado a las víctimas de abuso sexual que describe esta psicoanalista norteamericana en su trabajo sobre Virginia Woolf -nótese el juego de palabras en el título del trabajo: - *¿Quien tiene miedo **en** Virginia Woolf?* -[4]

---

[3] Hasta hace poco , presidida por una argentina, Irene Intebi; esta organización es muy numerosa, con más de 2500 miembros, y muy extendida por todo el mundo, con una excelente fuente de información a través de toda su colección de revistas, accesibles a los miembros por medio de una clave, en una página de internet.

[4] El título elegido por la psicoanalista es en apoyo a la obra de teatro de Edward Albee, ¿Quién le teme a Virginia Woolf? Pero como decimos, sustituye el pronombre a por el pronombre en. De esta manera se quiere acercar a los miedos de la propia persona aludida en la obra de teatro y usada como título.

Elegí entonces como título de mi presentación al Congreso de 1994 de San Francisco esos tres conceptos: **CON *ABURRIMIENTO, IGNORANCIA Y FALTA DE RESPUESTA*.** Fue publicado por una revista francesa (Hoffmann, 1995) un año después de la presentación.

El tema del maltrato sigue siendo un problema común entre el individuo y la comunidad. No bastan las leyes, hacen falta instancias que las hagan cumplir. Hemos avanzado en esto también, y hoy el ministerio de justicia de la República Argentina dispone de un servicio telefónico para situaciones de amenaza a la mujer.

Un sistema similar, que vino a reemplazar a la ley Agote, es aplicado para la defensa del abuso y la negligencia en niños, pero no tiene aún el certificado de adultez en cuanto a su maduración como organización social contra estos males. Hemos presenciado ciudades en las que el funcionamiento era brillante y otros, en general municipios pequeños en los cuales se daba un desigual cumplimiento, en general por no disponer de los medios necesarios para promover amparo, o no tener acceso a instancias intermedias que sí disponen de numerosos recursos que no llegan hasta pequeñas poblaciones. Falta allí la fluidez en la comunicación entre los miembros del equipo local y su instancia superior, el sistema regional o departamental.

Pero como especialista en salud mental me pregunto ¿Qué pasa dentro de cada individuo y qué relación tienen con ese "adentro" las leyes por un lado mientras por el otro están el uso y las costumbres? Eso me llevó a preguntarme cuando se hace carne una ley, una manera de referirme a establecer un momento en el cual una ley se incorpora en la mente de los individuos que componen una comunidad y pasa a ser parte de uno mismo. Es la única forma que garantiza la adhesión personal de uno y otro de los miembros de una comunidad.

Esto también aporta otro elemento que es el hecho que si no responde un individuo a las leyes existentes, tiene que haber otros en su misma comunidad que se las recuerden, o - en el peor de los casos - una autoridad que sancione lo más pronto posible. Veremos en el TOMO I la *"Canción de las Personas"*, de **Tolba Phanem,**[5] que nos da una excelente muestra de como una etnia africana puede resolver este problema desde la propia comunidad y en base a sus antecedentes culturales construyó este instrumento.

Es en última instancia una situación de aprendizaje público, ligado a programas educativos que sean eficaces y logren la transformación individual en quienes componen una colectividad o comunidad.

---

[5] Puede verse en YouTube (www.youtube.com/watch?v=VVAQCcuZvoQ).

Además de la educación y la difusión debemos considerar los procesos psicológicos colectivos. ¿Qué pasó con los alemanes durante el nazismo? ¿Qué fuerzas sostuvieron la segregación escolar hasta hace 40 años en los Estados Unidos de Norteamérica?¿Qué era lo que hacía sordos y ciegos a tantos latinoamericanos durante las represiones militares de los años 70?

Analizando estos temas propuse una hipótesis de trabajo formulada en los siguientes términos:

*En el espacio psíquico y en el ámbito mental es donde se gesta un espacio para la infancia, siendo uno de los instrumentos que operan dentro de dicho espacio, la noción de respeto. En este caso un respeto que tiene una dirección diferente a la que habitualmente se le asigna, ya que es la inhibición de sus poderes de quien está en una instancia de superioridad de fuerzas, en beneficio de alguien que aún no ha encontrado el suficiente poder para defenderse adecuadamente de las asimetrías. Es decir que el respeto en la crianza es una actitud del más poderoso hacía el menos poderoso. Implica en quién tiene más poder, una renuncia al uso indiscriminado del mismo, en beneficio de la expansión progresiva de las manifestaciones de aquel que está en una situación de relativa inferioridad. Trasladado a los temas de crianza, implica que en el espacio mental y psíquico existe una disposición a inhibir los recursos de imposición salvo en los pocos casos en que dicha fuerza pueda servir a la preservación de la vida del ser emergente que está a cargo del adulto.*

"… La falta de un espacio claro y definido para la infancia dependería entonces de fenómenos individuales del desconocimiento, pero también de fenómenos sociales y colectivos ya sea por falta de leyes o de su adecuada implementación. Por otra parte, un grupo social puede reconocer la importancia de este espacio para la infancia, sin llegar por ello a la intimidad de cada individuo que compone dicho grupo. Esto último, la homogeneización de una actitud, requiere un largo proceso madurativo, con componentes educativos, de difusión y elaboración de consensos…" (Hoffmann J. M., 2002) (p.5).

Sigo citando de dicho trabajo, titulado *La Falta de un Espacio*, causales de violencia contra la infancia, publicado por AUDEPP, una sociedad científica del vecino país de Uruguay: "*… entre el individuo, o la familia nuclear, y las leyes que regulan una sociedad hay todavía otro espacio, el de la cultura. En Latinoamérica al menos, conviven diferentes culturas, que además no coinciden necesariamente con las divisiones políticas de los países en los cuales pueden existir leyes diferentes. Esto puede producir diferencias o conflictos entre costumbres o usos culturales y las leyes* *vigentes, por ejemplo las relativas al tiempo otorgado para la licencia por maternidad. Ciertas comunidades indígenas acostumbran llevar al bebe fajado contra el cuerpo materno. Esto no impide a las madres realizar el trabajo que les es asignado en su comunidad, como labrar la tierra, cosechar, preparar alimentos o vestidos. En las empresas regidas por leyes nacionales y no por las costumbres culturales se permiten algunos casos la presencia del bebé en guarderías pero no junto a la madre. Esto está legislado por los "representantes" de las ciudadanas…"* (página seis).

En el citado trabajo, del cual hemos extraído dos párrafos, se cita además el rol que está cumpliendo la televisión en nuestros medios culturales y sociales, haciendo un análisis de la influencia que tiene en la educación de los niños, en relación con los contenidos de violencia y la posible incidencia en la formación psíquica y mental de los niños pequeños y aquellos en etapa adolescente.

Si a esta altura el lector quiere objetar que olvido el sacrificio de muchas madres y padres en la crianza de sus hijos, les respondería que estoy dirigiéndome a aquellos aspectos no cubiertos por padres y madres que conocen sus deberes y que espontáneamente logran amar y respetar a sus hijos.

Pero como conjunto social, me pregunto nuevamente porque han debido ser redactados los 50 artículos que componen los Derechos del Niño promulgado por las Naciones Unidas. Si los individuos, las comunidades, las sociedades y los Estados, actúan con la conciencia que brota de espacios psíquicos y mentales en los cuales el niño es un ser con derechos propios, y cuyo desarrollo creativo y espontáneo es motivo de placer y alegría en quienes cuentan con esas actitudes interiores, ¿para qué se requiere recordar que los niños no pueden ser objeto de comercio sexual, usados en guerras, explotados en el trabajo en condiciones infrahumanas, y que tienen derecho a la vida?

¿No serían redundantes estas recomendaciones si existiese el mencionado espacio psíquico y mental en los individuos que componen al conjunto de la humanidad?

Resumimos a continuación un trabajo proveniente del Japón y publicado en la revista de mayor prestigio en el ámbito del maltrato infantil (Kouno & Johnson, 1994 - Vol 19, Nr. 1). Si me extiendo en los pormenores de este trabajo es porque permite diferentes reflexiones que hacen a la comprensión de lo difícil que es la inserción de ciertas concepciones sobre la infancia en el espacio psíquico y mental, no sólo de individuos, sino también de comunidades enteras organizadas en forma de Estado nacional. En este caso el hecho toma mayor relevancia por haber una especie de concepción o idea popular de una cultura japonesa de algunos milenios de tradición , considerada una nación con muchos avances tecnológicos, que dio origen también a religiones que trascendieron las fronteras nacionales para extenderse a otras civilizaciones. Un ejemplo de esto es el budismo zen, pero también en formas más modernas como el cine, hay directores como Kurosawa que a lo largo de sus 60 años de producción cinematográfica elaboró un extenso programa de análisis de la cultura japonesa, poniéndola de este modo a disposición de una audiencia internacional creciente. El hecho de haber sido el único país del mundo en recibir impactos nucleares como forma de aplicación de armas de destrucción masiva, debió tener también una gran trascendencia en el análisis histórico-cultural del siglo XX. De hecho, una película de Kurosawa, *AGOSTO*[6], toma el tema de Nagasaki.

Volviendo al tema central del artículo que analizamos, tiene una amplia mirada retrospectiva a la historia del abuso y la negligencia respecto de la infancia en Japón. Pero también hace un pormenorizado análisis de una forma muy particular de infanticidio que pasaremos a analizar:

A partir de la década del 70 -relatan los autores -comenzaron a instalarse en estaciones de tren y de ómnibus o de aeropuertos esas estructuras metálicas con puertas que tienen la llave colocada para que el usuario depositando una moneda pueda dejar en dicho receptáculo equipajes de diferente tamaño, dependiendo de la oferta que existe en cada sitio. Como también en occidente, la difusión de este tipo de depósitos operados manualmente por el usuario sin intervención de terceras partes, comenzó a ser también utilizado para fines ilícitos, depositando allí drogas, armas, productos de contrabando y también explosivos.

En el caso que analiza el artículo, el uso ilícito de estos dispositivos se limitaba al **infanticidio** ya que comenzó a ser un serio problema social a partir de 1975 cuando se le aplicó a este método el nombre de *bebes de depósitos operados por monedas.*

Las principales características de este grupo de bebés fueron tipificadas de la siguiente manera:

Primero, se trataba casi exclusivamente de neonatos.

Segundo, predominaban bebés del sexo masculino.

Tercero era muy difícil localizar a padres o autores de este procedimiento. Sólo ocasionalmente algún ginecólogo reportaba a la policía la misteriosa desaparición de un bebé en mujeres que examinaba postparto.

---

[6] Raphsody in August, **Director:** Akira Kurosawa **Writers:** Kiyoko Murata (novel), Akira Kurosawa, 1 more credit » **Stars** SachikoMurase, Richard Gere, Hisashi Igawa

Cuarto: la mayoría de los bebés parecían haber muerto por asfixia.

Quinto: los cuerpos se descubrían entre uno y tres meses luego de la muerte y en general se encontraban envueltos en plásticos. (Esto hace sospechar que el bebé llegaba ya asfixiado, envuelto en plástico y colocado dentro de un bolso, ya que de otra manera se hubiese delatado por su llanto; Nota mía.)

La posibilidad de diagnosticar la diferencia entre un bebé abortado y nacido muerto o el hecho de un bebé nacido con vida y muerto por asfixia requiere un estudio forense el cual muchas veces es imposible de realizar con un tiempo de demora entre la muerte y el estudio de entre uno y tres meses. Esto hace a la forma de castigo implementada por la justicia según sea un nacido muerto o nacido vivo muerto por asfixia.

A partir del año 1981 se realizaron cambios para limitar esta grave conducta delictiva, localizando estos gabinetes en lugares transitados para hacerlos más visibles al público en general y a las fuerzas de seguridad, las que fueron asignadas para monitorear este tipo de recursos para viajeros.

Además, se comenzó a divulgar el problema de este tipo de crimen para que sea reconocido por la población en general, esperando que a mayor atención al tema podría haber un incremento en las denuncias.

Junto con la educación sobre métodos anticonceptivos se logró que un número mayor de mujeres y población en general, redujeran el número de embarazos no deseados.

No obstante estas medidas, se continuó observando la aparición de bebés muertos en gabinetes operados por sistema monedero. A continuación los autores reproducen una tabla con el análisis de 10 años de infanticidios en general, con una columna en particular para la forma descrita en este resumen. Se pudo comprobar así que sobre un total de 3209 infanticidios cometidos[7] en los 10 años analizados, 191 correspondían a la variedad de asfixia en los gabinetes mencionados, con un predominio de aproximadamente un 10% de varones sobre mujeres (100 varones y 91 mujeres).

En una columna se observa el porcentaje de bebés muertos por el procedimiento motivo de este artículo, que pasó del 13% en el primer año de los 10 analizados a tan sólo un 2.9% en el último de los 10 años.

---

[7] El estudio se limitó a la ciudad en la cual la Doctora Kouno era médica del cuerpo forense.

De alguna manera los autores pueden asegurar de este modo que las medidas tomadas a partir de 1981, lograron reducir a una cuarta parte esta forma particularmente cruel de muerte por asfixia.

La parte final del artículo analiza el progresivo avance en los casos reportados de abuso y negligencia en relación con niños pequeños o de la infancia en general. Sin embargo las cifras resultan tan sorprendentes como las que pudimos comprobar en la investigación realizada entre 1991 y 1993 en la ciudad de Buenos Aires y en general en el territorio nacional. Por ejemplo en Japón en 1973 se hizo la primera investigación a cargo del Ministerio de Salud Pública y Bienestar Social del Japón, encontrándose 26 casos de abuso infantil y 139 casos de negligencia reportados. Para una población de 100 millones de habitantes la cifra parece absurdamente limitada.

Recién en 1985 se establecieron, por un lado un comité de investigación del abuso de la infancia, y además un grupo de estudios sobre el abuso infantil. Las cifras publicadas por este grupo de estudios son mucho más elevadas que las que publicara la Comisión establecida a nivel oficial. El grupo de estudios realizó una encuesta a nivel nacional identificando de ese modo 406 casos de abuso, que incluían 223 casos de abuso físico, 34 casos de abuso psicológico, 46 casos de abuso sexual y 111 casos de negligencia.

En 1988 se agruparon los directores de los Centros de Orientación a Padres en el orden público y detectaron en un estudio de seis meses de duración un total de 1039 casos de abuso infantil.

Sin embargo los autores de este trabajo comentado aducen que esta cifra, la más alta de todos los informes presentados, no representa la totalidad de casos reconocidos en el Japón.

Los autores señalan que los progresos comenzaron a darse a partir de la información presentada por los medios masivos de comunicación acerca del abuso infantil. En 1990 la asociación médica japonesa publicó un número especial sobre abuso y negligencia infantil dirigido a médicos japoneses.

Comenzaron a surgir organizaciones privadas para diagnosticar, tratar y prevenir el abuso infantil estableciéndose en ciudades grandes como Osaka y Tokio.

El gobierno municipal de la ciudad de Osaka comenzó a organizar un grupo de prevención específicamente designado para ocuparse de  tratar  la detección y protección de niños abusados y sometidos a negligencia en su ciudad. Con la ayuda de un manual sobre cómo proceder con niños abusados (1993).

Los autores en cierto modo se quejan que el sistema judicial en Japón aún emplea leyes anticuadas combinadas con algunas interpretaciones novedosas sobre casos de abuso.

Este artículo me resultó particularmente revelador ya que muestra qué lento es el proceso de concientización, o sea de la creación de **espacios mentales** y **psíquicos** en los cuales ubicar nociones y conceptos (junto a vivencias, emociones, experiencias en el nivel psíquico) relacionados con lo que significa el trato justo con la infancia, evitándose así las negligencias, los abusos y el maltrato. De todos modos puede considerarse que hubo una respuesta facilitada por los medios de comunicación masiva -que siempre pueden tener un papel importante en el cambio de mentalidad de la población, para bien o para mal. Son las autoridades municipales y estatales las que tienen mayor responsabilidad en establecer reglas e indicaciones, además de reglamentar el trabajo profesional de aquellos que están en contacto con la infancia.

En un capítulo de un libro publicado por un colega chileno, se incluye una contribución (Hoffmann J. , Psiquiatría de la Primera Infancia, 2000) donde hago referencia a la reticencia de los profesionales a dar a conocer sus observaciones en los casos de abuso y negligencia. Esto lleva a que las autoridades de ciertos estados o naciones recurran a procedimientos coercitivos hacia los profesionales con el fin de obligarlos mandatoriamente a familiarizarse con el tema y a realizar las denuncias correspondientes. Entre otros estudios cito el de Reiniger (Reiniger, Robinson, & McHugh, 1995).

Lo que llama la atención es que hay una dificultad en muchas personas en admitir cierto tipo de evidencias de los propios sentidos: lo que ven, lo que escuchan. Lo que reflexionan otros o uno mismo, es fácilmente desplazado de la mente y relegado a una especie de limbo. Cuando quienes cometen este tipo de supresión o represión de la información y las vivencias son los profesionales que entran en contacto con la infancia, entramos en un terreno legal que en muchos países ha sido tomado muy seriamente.

El artículo citado dos párrafos más arriba hace hincapié justamente en estos temas: en la página 64 se revisan las cifras suministradas en 1986 por los servicios de salud y desarrollo humano del ministerio respectivo de los Estados Unidos de Norteamérica. En dicho año las agencias investigadoras como la policía, las Cortes, y los departamentos de salud pública informaron solo sobre un 44% de casos reconocidos de maltrato infantil. Sin embargo otras agencias: escuelas, hospitales, jardines maternales y los servicios sociales de las oficinas de salud mental reportaron tan sólo un 28% de los casos identificados por ellos en su actividad cotidiana.

Parecen ser porcentajes extremadamente bajos de informes de hechos comprobados y los autores se preguntan a cuál de dos posibles razones se puede deber esta negativa de los involucrados: a) no quedar involucrados en procesos judiciales como testigos o denunciantes; b) o simplemente no saber cómo ni que informar a las autoridades.

Según un estudio de una consultora de investigaciones poblacionales resultó que el 40% de aquellos agentes que tenían la obligación de informar sus comprobaciones habían decidido no hacer denuncias por abuso o negligencia en el caso de niños.

Al respecto hay también la expresión muy clara del profesor Cusminsky: "... *podríamos decir hoy que el pediatra es el testigo de la violencia... el pediatra se encuentra involucrado aunque se niegue tozudamente, ante esta realidad cuya característica genérica es la violencia...*" (Cusminsky, 1992)

Todo esto teniendo en cuenta los esfuerzos de agencias privadas desde hace aproximadamente 130 años, -la Sociedad para la Prevención de actos de Crueldad a los Niños de la ciudad de Nueva York fue fundada en 1875, primera organización en el mundo con el objetivo de la protección de la infancia. La acción desarrollada por dicha entidad de bien público no logró modificaciones registrables en este tipo de conductas.

En realidad no sorprende que una sola institución no pueda lograr modificar una conducta social, arraigada en aquella edad de piedra de la infancia a la que nos hemos referido más arriba. Se ve que es necesaria una acción mucho más abarcativa, donde se debe actuar tanto desde la comunidad y sus organizaciones no gubernamentales como desde el Estado que en última instancia es el que tiene un poder suficiente para establecer comportamientos profesionales y poblacionales apropiados.

No fue hasta 1962 cuando Henry Kempe y colaboradores publicaron el síndrome del niño golpeado, que comenzaron a llover los informes en este mismo sentido.

El estado de Nueva York pasó una ley en 1988 que exigía de los profesionales en contacto con la infancia tomar un curso de dos horas de duración y que lleva como título *IDENTIFICACIÓN Y REPORTE DE MALTRATO Y ABUSO INFANTIL*, sin el cual no se les otorgaba la licencia para ejercer su actividad. Los que estaban incluidos en este prerrequisito eran pediatras, psicólogos, psiquiatras, enfermeras, maestros y otros profesionales incluyendo los odontólogos. Un estudio que condujo la sociedad para la prevención de actos de crueldad en niños del estado de Nueva York permitió comprobar en aproximadamente 1400 participantes del curso que la mayoría descubría durante el cursillo breve cuáles eran los verdaderos indicadores de abuso infantil. Adicionalmente, si bien muchos profesionales tenían alguna noción de cómo detectar el abuso infantil, su ignorancia era aún mucho mayor acerca de los procedimientos para reportarlos y el desconocimiento de sus obligaciones legales de así cumplir.

Esto le permite a los autores del trabajo recomendar fuertemente insistir en el entrenamiento de grado y posgrado para lograr una mayor capacidad en aquellos adultos involucrados en el trato con la categoría etaria *infancia.*

El **espacio psíquico y mental**, es donde se gestan las representaciones y las consiguientes conceptualizaciones. Volveremos muchas veces sobre el concepto de representación. Digamos aquí solamente que en un párrafo un par de páginas más arriba decíamos aproximadamente algo así como que: a muchas personas les cuesta incorporar lo que tienen ante los ojos, como una evidencia, y ciertas escenas son rechazadas por la conciencia, del mismo modo que algunas ideas tienen vedado su acceso a la conciencia. Esta especie de limbo en el cual caen imágenes de la vida real o -quizás peor aún -las que provienen de los medios de comunicación masiva. Junto con los fragmentos de conversaciones, los comentarios, las reflexiones parciales a medio elaborar, también forman parte de esa gran bolsa de impresiones a las cuales no se les da todavía un grado de representación tal, que permita ser evocado intencionalmente, almacenado y disponible para su uso posterior.

De existir dichas representaciones y conceptualizaciones se establecen también determinaciones fundadas en **valores** que se fueron gestando a raíz de las consideraciones hechas sobre lo observado, lo reflexionado, lo intercambiado con otros, lo que se lee, lo que se observa en los medios masivos de comunicación y aquello que algunos eligen profundizar mediante lecturas específicas sobre algunos de los temas de mayor interés para cada uno.

A partir de todo eso que acabamos de enunciar se abre un espacio psíquico, a nivel de las vivencias, las emociones, los sentimientos. Y del mismo modo se habilita un espacio mental en el cual existen reflexiones, consideraciones, valoraciones tanto positivas como negativas. De la combinación de ambos espacios, el psíquico y el mental, surgirán ciertas determinaciones que ordenan la vida comportamental de cada uno de nosotros. Un ejemplo muy simple sería: no voy a permitir que me suceda a mi ese comportamiento que mis sentimientos rechazan y mi mente repudia.

## ¿Es Sólo Cuestión De Espacio Psíquico Y Mental?

Si buscamos causales de los comportamientos de abuso o de negligencia tendremos que incorporar otro concepto: *el lugar que ocupa la infancia*.

Si en el caso del espacio psíquico y mental estamos hablando de fenómenos que suceden en el plano personal de cada ser que interactúa o presencia la interacción de adultos y niños, el concepto de lugar es del orden colectivo.

El **lugar** que hay que hacer al recién nacido va desde la decoración de una habitación especial que servirá para cobijarlo, con volados, muñecos de peluche y decorados especiales, hasta la cuidadosa preparación de un cajón de frutas, acolchado por dentro con trozos de mantas que fueron quedando prescindibles para los demás miembros de ese núcleo de convivencia.

Si esto es así en el caso de un nacimiento, será así en la mesa cuando deje de estar en brazos para la lactancia materna o la administración de la mamadera: habrá que correrse y hacerle un **lugar** al recién llegado.

Para muchos que viven en grandes ciudades la existencia de los jardines maternales y las nuevas salas de 3 y 4 años, ha mostrado hasta qué punto es importante asegurarse un **lugar** para esa hija o hijo en esa organización educativa. La famosa "vacante" muchas veces se hace rogar o al menos hay que esperarla con mucha paciencia.

El tema del **lugar** que hace pensar en estas cosas circunscriptas de un espacio determinado, en realidad es extensible a algo más virtual como es el lugar que tiene una determinada familia, un determinado grupo social, una etnia, los miembros de una comunidad, en el tejido general de una sociedad.

La ventaja del concepto de **lugar** como espacio circunscripto y determinado, es que suele llevar a conflictos por las diversas acepciones que se le puede dar a la dimensión de dicho lugar con respecto al que ocupan otros miembros de la sociedad. Todos conocemos la facilidad con que se desplaza a grupos minoritarios o si no son minoritarios son fácilmente desplazable porque carecen de fuerza para "*hacerse un lugar*".

Desde hace algunos años utilizo el ejemplo del género femenino para abordar el tema del **lugar**[8] en la sociedad y la cultura. La lucha de la mujer por

---

[8] El uso del destacado en negrita y tipología mayor para el vocablo lugar es intencional con el fin -redundante - de hacerle más lugar.

su igualdad con el varón, es un tema que es manejado de muy distintas maneras: desde la sorna y la burla, hasta el enojo colectivo expresado muchas veces de modos violentos.

El hecho concreto que me sirve a mí para entender, es que ha sido un recorrido muy largo el que ha tenido que hacer el género femenino para **hacerse un lugar.** Eso asumiendo que lo haya logrado. Podemos decir que si, a grandes rasgos, y seguramente con grandes diferencias regionales, culturales y sociales.

Pero concretamente doy los siguientes datos: el voto femenino fue autorizado en Suiza, un país conocido como muy civilizado y culto -en realidad no se sabe muy bien en base a qué parámetros - lo hizo en 1971. Los emiratos árabes unidos en el 2006.  Sudáfrica muestra este mosaico: 1930 ("blancos"); 1968 ("de color"); 1984 ("indios"). Ese mosaico al que me refiero es el de las razones de exclusión: el género, el color y la etnia. Un país remoto como Nueva Zelanda dio el voto femenino en 1893.

Si hacía falta algún elemento para centrar objetivamente el tema de la discriminación y la **falta de un lugar**, creo que con esto del sufragio femenino, no hace falta ahondar en los infinitos pliegues de esta amarga lucha. En esa amplia dispersión de fechas, en países de los cuales uno nunca hubiera pensado que tenían ese tipo de prejuicios o limitaciones -al menos me pasa con Suiza - sorprenden con este dato.

## EL LUGAR DE LA INFANCIA

Con los párrafos precedentes podemos ahora hablar de cuál es el lugar de la infancia en la sociedad y en la cultura.

Pude tomar algunos referentes argentinos que trataron este tema y algunos autores internacionales con el mismo fin. Menciono en primer lugar por la fuerza que tiene su título, un capítulo que contribuyó Mary Beloff (Beloff, 1993) a una crítica al nuevo código procesal penal en 1993. El título dice **niños y jóvenes: los olvidados de siempre**. Con esta abogada mantuve conversaciones de mucho interés que me hicieron abrir los ojos a una cantidad de temas comunitarios, legales y sociales en nuestro país, a los que también hacen referencia otros autores, especialmente miembros de la sociedad argentina de pediatría (Ageitos, Krupitzky, Anigstein, & Anzorena, 1995) (Aragon, 1995). En una breve comunicación en el boletín informativo de la SAP se señala la importancia del trabajo interdisciplinario para el abordaje pediátrico en la comunidad (Pedra, 1995) recalcando allí, *"... la conveniencia de escuchar a la gente con la que va a trabajar porque ellos saben lo que les pasa..."*

Del mismo modo el presidente de la Sociedad Argentina de Pediatría en su discurso inaugural de 1994 afirma: "... la necesidad cada vez mayor de conocer los aspectos psicosociales que rodean al niño..." (Ceriani, 1994).

Pero la infancia pierde en todos los países, hasta en los más avanzados, al menos en lo que hace a las cifras de productividad y riqueza colectiva. Una publicación de los años 90 (Ziegler, 1993), denuncia al presidente Reagan por haber roto con una tradición de 70 años al suspender la conferencia de la Casa Blanca que se celebraba cada 10 años, para reunir a los especialistas en temas de la infancia y escuchar sus informes sobre las necesidades y el Estado de este segmento de la población.

Aquí tenemos una referencia al grupo etáreo de la infancia como segmento poblacional.

El autor cita que de la primera conferencia de este tipo realizada en la década de 1910 por el presidente Hoover se estableció que los niños no debían ser separados de los padres por el solo hecho de que éstos sean demasiado pobres para criarlos y propició la creación de mecanismos de ayuda efectiva para éstos. Este fue el primer reconocimiento gubernamental de la importancia de la familia en el desarrollo emocional, psíquico y físico de los niños pequeños, realizado por el presidente de una nación poderosa, que además no se limitó a las palabras, instituyendo actos concretos de gobierno.

Esta conferencia que se repitió cada 10 años produjo siempre leyes trascendentes para el bienestar de la infancia. En 1963, el presidente Kennedy elaboró sobre la base de la conferencia mencionada, la legislación que dio lugar a la creación de los centros comunitarios de salud mental, que debían manejarse con un enfoque preventivo, social y comunitario, fuera de los grandes hospitales y centrando sus criterios en la salud.

Puedo destacar personalmente que en la Argentina estos centros funcionan desde 1968 con la creación del entonces Centro de Salud Mental N° 1, en Núñez, proyecto en el que tuve la suerte de participar desde su fundación y al que le debo gran parte de mi formación y la mirada comunitaria y preventiva que tanto se privilegiaba en aquel centro, un verdadero laboratorio psicosocial.

## CAPITULO II

## PREGUNTAS QUE SURGEN DE ESTAS INFORMACIONES

*¿La infancia es un tema exclusivo de sus padres?*

*¿Cuál es el rol del Estado, de la Sociedad y de la Cultura?*

Vemos que ambas preguntas han quedado parcialmente contestadas en lo expuesto en el apartado anterior: en algunos niveles sociales y económicos, existe un alto grado de ignorancia respecto de los derechos de la infancia, de la existencia de un ser en desarrollo, con todas las características que hacen a un ser humano, pero que suelen recibir un trato similar al que puede propinarse a un animal doméstico. Esta degradación de la infancia es una extraña combinación de abuso del poder, de ignorancia sobre el verdadero valor de una criatura entre los cero y los cinco años de edad, y de la ausencia de programas de esclarecimiento, educación pública, divulgación, uso de los medios masivos de comunicación que son los que más llegan a todos los estratos socioeconómicos de una sociedad.

Claramente el rol del Estado ha quedado insinuado en numerosos puntos de lo expuesto hasta aquí y será profundizado particularmente en el **TOMO I** de la presente colección. Como veremos más adelante en la conformación de esta colección, véase en particular el referido a *La infancia como un grupo etáreo, con grados variables de pertenencia y reconocimiento*.

Culturalmente el fenómeno es sumamente interesante de analizar. En aquellos casos en los que observamos las atrocidades mencionadas en el apartado en el cual nos preguntamos cuánto cambió la infancia en el período transcurrido desde que emergió de lo que un autor designó como "*edad de piedra de la infancia*", señalamos el hecho de las migraciones en la búsqueda del trabajo, con la implicancia del desarraigo. Por ejemplo, ese padre que está descrito en la cita de un periódico, si todavía viviera en su entorno cultural de origen, difícilmente hubiese llegado a la conducta criminal en la cual terminó con la vida de su hijastra.

Estoy firmemente convencido que la cultura es un poderoso elemento protector para cada uno de nosotros. Y aclaro -por si hiciese falta -que no entiendo por cultura en este contexto el grado de información o aquello que solemos entender por una persona culta, cultivada. Aquí el significado del concepto de cultura es el de conjunto de reglas, de historias familiares, de la mitología propia del grupo poblacional al que pertenece dicha cultura, incluso al entorno físico ambiental en el que desarrollarán su vida los miembros de dicha cultura. Para dar un ejemplo: un natural de la puna de Atacama trasladado al segundo cordón del conurbano bonaerense en el término de pocos años pierde la protección que le brindaba su entorno, desde el paisaje hasta la leyenda de sus ancestros.

Nos queda el tema de los profesionales. No podremos decir aquí que se trata de un ejemplo más del comportamiento argentino de *"no te metas"*, ya que lo vemos en otros países, aún de aquellos que se precian o son considerados colectivamente como líderes mundiales en muchos aspectos. Y no hablo solamente de los Estados Unidos de Norteamérica, donde hemos podido espiar un poco la realidad a través de los artículos mencionados más arriba. También entraría el caso de Japón, una cultura originaria de varios milenios y no una mezcla de etnias, razas y culturas como lo son los Estados Unidos de Norteamérica. Y sin embargo en ambos casos parece incomprensible el grado de crueldad ejercido desde el poder que otorga la simple superioridad física con respecto a la infancia maltratada.

## ORÍGENES Y CAUSALES DEL CAMBIO: LO QUE FUE Y LO QUE ES

A pesar de los ejemplos de persistencia de *conductas paleolíticas* en algunos casos, se da un significativo avance que implicó ese **descubrimiento del niño**, al que hace referencia la cita que encabeza esta presentación.

¿Inmediatamente pasamos a preguntarnos qué es lo que provocó este cambio?

## LA TEORÍA DE UN EPIDEMIÓLOGO EL TRABAJO DE LEONARD SAGAN.

La epidemiología es una ciencia que estudia la forma en que se difunden las enfermedades. Permite conocer las razones que intervienen para facilitar su instalación o bien para proteger a los individuos de la misma. El autor del libro comienza haciendo un minucioso análisis de todos los impactos que tuvieron las diferentes medidas tomadas por la humanidad para prolongar la vida y mejorar su calidad como por ejemplo medidas sanitarias, alimenticias y nutricionales, las vacunas en campañas preventivas, las condiciones ambientales de vida -estudiando el impacto del medio ambiente sobre la salud del individuo-, incluso el impacto que tienen los planes de medicina asistencial financiada por los gobiernos con el fin de mejorar la salud poblacional. Incluye un minucioso análisis de un experimento realizado por prestigiosas universidades en reservas o comunidades indígenas, llevando hasta ellos la moderna medicina con toda la prevención y medidas de mejoramiento en la calidad de la salud.

Después de todo eso, que le lleva más o menos un poco más de medio libro llega a las siguientes conclusiones, que las transmito en las palabras de una síntesis confeccionada sobre su libro (Sagan, 1991) en nuestro centro de investigación (CIAD):

Es, en una palabra, imposible atribuir directamente la mayor resistencia a las enfermedades en la gente moderna a las mejoras en medicina, sanidad, o dieta. Existe una explicación alternativa para el aumento en nuestra expectativa de vida, no obstante, que tiene menos que ver con estos desarrollos y más con los cambios en nuestro medio ambiente psicológico. Nos gusta imaginar que los pueblos preindustriales soportaban (y soportan) menos estrés que nosotros -que, a pesar de no contar con comodidades físicas, pasaban días pacíficos tejiendo interesantes telas y cantando canciones folk. Pero el estrés psicofísico de la vida primitiva son, de hecho, mucho mayores que aquellos que experimentan los ejecutivos modernos. Una cosa es preocuparse por el reembolso de un impuesto o una tasa estatal, y otra es enterrar un hijo, preguntarse si la cosecha del otoño durará todo el invierno, o ver cómo el hogar de uno es arrastrado por una inundación o un incendio.

Para crecer rodeado por la escasez y la ignorancia y la pérdida constante -sea en un pueblo de África o en un barrio urbano pobre del siglo veinte- es bueno saber que la miseria es habitualmente consecuencia de fuerzas que están fuera de nuestro control y, por extensión, que los esfuerzos individuales no cuentan en absoluto. Y hay abundante evidencia de que ese sentimiento de desamparo está frecuentemente asociado con apatía, depresión, y muerte tanto en animales de laboratorio como con prisioneros de guerra. El psicólogo experimental Martín E. P. Seligman, de la Universidad de Pennsylvania, ha diseñado varios extraordinarios estudios para simular en perros la experiencia humana de desamparo. Su experimento clásico incluía colocar perros en una jaula en la cual podían evitar choques eléctricos saltando por encima de una barrera al opacarse la luz. Los perros ingeniosos rápidamente aprendían a evitar por completo los choques, saltando graciosamente por encima de la barrera cuando la luz se opacaba. Pero Seligman descubrió que los perros respondían de manera diferente si, antes de ser colocados en la jaula, se los restringía y se los sometía a choques de los que no podían escapar. Esos perros, habiendo aprendido que el esfuerzo era inútil, simplemente se recostaban y gemían.

En muchos aspectos, las experiencias y las reacciones del segundo grupo se asemejan a aquellas personas criadas en la pobreza, un rasgo que comparten la mayor parte de los grupos del tiempo pre-moderno. La modernización, a través de instituciones como los cuerpos de bomberos, códigos de construcción, seguridad social, y atención médica de emergencia, nos ha protegido contra el desastre económico, físico y psíquico. Pero, más importante aún, ha creado situaciones en las que algunos de nosotros nos sentimos completamente con poder para controlar nuestras vidas. Ahora damos por sentado que somos, en gran parte, los dueños de nuestros propios destinos, y que eso nos deja mejor equipados para luchar contra la enfermedad. Esto dependerá naturalmente de la pertenencia a la clase social empoderada y no marginada.

¿Cómo ocurrió esto? ¿Cuáles son las fuentes de este sentido de eficacia personal y de autoestima?

Ninguna institución ha cambiado tanto debido a la modernización como la familia. Hasta bien avanzado el siglo dieciocho, existía primordialmente como una unidad económica; los matrimonios se arreglaban con el propósito de preservar la propiedad, y los chicos eran vistos como una fuente de trabajo barata o una protección contra la pobreza en edad avanzada. (Esto sigue siendo verdad aún hoy en día en pueblos de mucha pobreza especialmente el caso de China).

Golpear y azotar estaban aprobados, aún en la realeza, como herramientas para enseñar la conformidad y la obediencia. Después, durante la ***Ilustración***[9], los criterios y los objetivos de la crianza infantil comenzaron a cambiar. Si los chicos habrían de sobrevivir en un mundo desordenado e impredecible, los filósofos empezaron a argumentar, no podían confiar pasivamente en la autoridad tradicional; necesitaban poder juzgar razonadamente. Y si los niños habrían de desarrollar tal juicio, necesitaban afecto y guía, no disciplina brutal. Fue solo gradualmente, a medida que estas ideas echaban raíces, que la niñez empezó a ser reconocida como una etapa especial de la vida, y que el afecto y la crianza personalizada reemplazaron a la obligación y la obediencia como las fuerzas cohesivas entre los miembros familiares.

Durante el siglo diecinueve, a medida que las clases sociales más altas comenzaron a ver que los niños tenían necesidades propias en lugar de adecuarse a las necesidades de la familia -y, por consiguiente, empezaron a tener menos hijos- sus tasas de mortalidad infantil empezaron a disminuir. Y a medida que la tendencia a formar familias más pequeñas se extendía a las clases sociales inferiores, la de ellos disminuyó también.

No es cierto que esto haya sido una coincidencia, ya que el tamaño familiar es un excelente predictor de supervivencia infantil aún hoy en día. Los niños pequeños de familias grandes siguen padeciendo de más infecciones, más accidentes, y una tasa de mortalidad total más elevada que los niños de familias pequeñas, sin considerar la clase social. En efecto, tal como lo demostró el sociólogo de la Universidad de Columbia Joe D. Wray en 1971, los efectos del tamaño familiar pueden pesar más que los de la clase social: un hijo único de una familia pobre tiene casi la misma posibilidad de sobrevivir el primer año de vida que un chico que nace en una familia de profesionales pero que tiene cuatro o más hermanos.

¿Por qué pasa esto? Una explicación, apoyada por diversas líneas de evidencia, es que los hijos de familias pequeñas se ven fortalecidos en todo aspecto porque reciben cuidado adicional de sus padres. Durante los últimos cuarenta años, los estudios han demostrado que los bebés tienen un desarrollo pobre, o más aún, mueren, cuando se les provee de comida y se cubren sus necesidades físicas pero se los priva de contacto íntimo con

---

[9] Un período de la historia que abarcó no menos de un siglo, demorándose casi otro siglo más para divulgarse por la mayor parte del mundo avanzado en términos culturales de occidente. El término usado en inglés, *enlightment,* dice directamente algo así como ponerle luz a las cosas, refiriéndose a la luz de la razón, disipando de alguna manera las tinieblas de los prejuicios, las creencias, las ideas fijas, y muchas afirmaciones hechas sin suficiente prueba.

cuidadores. En un experimento, los huérfanos colocados en una institución a una edad temprana fueron separados en dos grupos. Los miembros de un grupo permanecieron en la institución mientras que los otros fueron ubicados con padres adoptivos. Al final del primer año, los chicos ubicados en hogares adoptivos estaban mejor desarrollados, tanto física como mentalmente, que aquellos que recibieron atención institucional. Y aún luego de que los niños institucionalizados fueron destinados a hogares adoptivos, permanecieron menos desarrollados que sus contrapartes por unos cuantos años.

Otros estudios han dado evidencia aún más impresionante. En 1966, Harold M. Skeels[10], del Instituto Nacional de Salud Mental, informó sobre un experimento que midió el efecto a largo plazo de la atención individual en niños retrasados institucionalizados. Un grupo de niños recibió atención institucional rutinaria, que es físicamente adecuada pero emocionalmente estéril, mientras que los otros niños fueron trasladados a una custodia especial para ser atendidos individualmente por mujeres de una institución para el retraso mental (eran oligofrénicas). Luego de tres años, la mayor parte de los niños del primer grupo había perdido un promedio de veintiséis puntos de su CI, mientras que los del segundo grupo habían ganado un promedio de veintinueve puntos. Las diferencias eran aún más pronunciadas treinta años más tarde. Ninguno de los chicos que recibió atención rutinaria había pasado tercer grado, y muchos permanecieron institucionalizados. Por contraste, muchos de los niños cuidados por madres adoptivas (recordemos que eran oligofrénicas institucionalizadas) habían completado el último año del secundario y proseguían hasta mantenerse económicamente por sí mismos.

Recién estamos empezando a entender los mecanismos que vinculan la salud emocional con la física (el esfuerzo ha llevado no hace mucho al surgimiento de una nueva rama de la medicina, conocida como psiconeuroinmunología). Pero cualquiera sea la conexión, el hecho es que el afecto y la seguridad asociadas con la familia moderna son los predictores más útiles de la buena salud. Al final, poco importa que la sanidad, la nutrición, y la atención médica sean toscas o sofisticadas; los niños que

---

[10] Tanto en el **Tomo I** de esta colección como en el capítulo correspondiente a **VÍNCULO Y RELACIÓN**, y en el de **LOS INNOVADORES**, volveremos sobre este investigador que hizo un aporte considerable en la década del 30. (Skeels, 1966). La fecha de la publicación corresponde al seguimiento hecho casi 30 años después de su experimento, para comprobar los resultados a largo plazo.

reciben amor y atención consistentes -que crecen en situaciones que fomentan la confianza en sí mismos y el optimismo en vez de la sumisión y la desesperanza- son mejores supervivientes. Son más grandes, más inteligentes, más resistentes, y más flexibles. Y, como resultado, viven más tiempo.

Es irónico, a la luz de esto, que sigamos preocupándonos por la calidad de nuestra comida y la pureza de nuestro medio ambiente, que gastemos billones de dólares en procedimientos médicos cuyo valor no ha sido probado, y al mismo tiempo, que prestemos tan poca atención al reciente deterioro de la familia americana. La tasa de divorcio en Estados Unidos, a pesar de que parece haberse nivelado en los últimos años, ha aumentado enormemente desde 1950, de menos del dos por ciento a más del veinte por ciento hoy en día (libro publicado en 1991). La cantidad de hijos que son criados por padres solteros, se ha duplicado durante la última década, y el divorcio no es la única razón. Otro nefasto acontecimiento es el aumento de embarazos entre las adolescentes solteras. Para los blancos, la tasa aumentó de un ocho por ciento en 1940 a un veinte por ciento en 1970, y a un treinta por ciento en 1980. El problema es aún peor entre los miembros afroamericanos, sesenta por ciento de los cuales nacen ahora sin una pareja parental, continua y estable. Que esto, en sí mismo, constituye un serio problema de salud es evidente cuando uno considera que las tasas de mortalidad fetal e infantil son el doble de altas para hijos nacidos fuera de un vínculo de pareja que para hijos con una pareja parental, y que una madre adolescente tiene al menos siete veces más probabilidades de abusar de su hijo que una madre de más edad (Sagan, 1991).

Todo esto sugiere que la buena salud es tanto un logro social y psicológico como físico- y que la preservación de la familia no es tanto un asunto *moral* como médico. A menos que reconozcamos la importancia **médica** de la familia, continuaremos viendo nuestros gastos de salud aumentar y reducir la duración de nuestras vidas. Desperdiciaremos recursos preciosos en tratamientos innecesarios, mientras ignoraremos una tragedia evitable.

Las palabras de Sagan, apasionadas como son, merecen consideración por el sólo hecho de tratarse de un epidemiólogo que publicó este libro luego de una larga vida dedicada a los estudios de las causas de la producción y diseminación de las enfermedades, que es de lo que se trata en el caso de la epidemiología. Entre sus frases apasionadas que se hicieron características en él está esa afirmación:... *"el grado de soledad es un mejor predictor de la muerte que la presión arterial..."*

O las afirmaciones más generales como que la lactancia materna, lazos estrechos entre madres y bebés y las redes de contención contribuyen a una vida más larga.

Lo he usado de introducción al tema de la transición de aquella *edad de piedra de la infancia* que mencionaba otro autor (Mause de, 1988), y esa frase de Víctor Hugo -aquel poeta francés, que hace 150 años exclamara que Colón sólo había descubierto América pero que él había descubierto el niño.

En esto creo que van coincidiendo los diferentes puntos de prueba para consolidar el hecho de una transición entre una infancia desprovista de derechos, y como intentamos explicar, que no tienen un espacio en la mente y en el psiquismo de los adultos, ni un claro lugar en la organización social, a esta nueva infancia, tan centrada en los derechos del niño, recibido con tantas alegrías, y motivo de tantas preocupaciones y desvelos.

Los antiguos poetas de los primeros siglos -antes y después de nuestra era cristiana- conocían esto y lo reclamaban en sus escritos, no constituyendo entonces una novedad absoluta.

Lo que está en discusión aquí es cuando se hace un fenómeno social que tiene una difusión generalizada en distintas capas sociales, educacionales, e incluso socioeconómicas.

De todos modos Sagan nos recuerda que aún hoy, tanto en África como en los círculos urbanos de mayor abandono y marginación social, los antiguos preceptos de maltrato, negligencia y abuso siguen con un alto rango de incidencia.

Entonces la siguiente pregunta nos debe orientar hacia el sentido de esta colección:

***¿Cuándo se transforma la infancia en un tema de estudio por parte de observadores provenientes de diferentes disciplinas académicas?***

Aquí se hace necesario entonces hacer explícito que nos referimos al estudio sistemático de la ubicación psico-social del niño pequeño o de la infancia en general.

Sobre el trasfondo cultural del momento, alrededor de la época en que Darwin publica su teoría de la evolución, y Víctor Hugo hace su afirmación como literato, en el siglo XIX comenzó a instalarse la noción que todos los seres vivos desarrollaban, sean las plantas, los animales o los seres humanos. En los Estados Unidos de Norteamérica Stanley Hall comenzó a interesarse en la teoría de la evolución focalizándose en el desarrollo infantil. De hecho fue quien invitara por primera vez a visitar el nuevo continente a todo el grupo de psicoanalistas de Viena que fundaron el movimiento del cual más nos ocuparemos. La Universidad de Clark, de la cual Stanley Hall era rector, fue la sede de las conocidas conferencias que diera Sigmund Freud en 1910. Pero Freud no fue sólo a la Universidad de Clark, lo acompañaron Jung, Ferenczi y Jones.

Hall como también Baldwin, habían estado inspirados por quien se llamó por primera vez psicólogo, un investigador y filósofo alemán, Wilhelm WUNDT, que había organizado el primer laboratorio de psicología experimental en una conocida universidad alemana, también a mediados del siglo XIX.

Baldwin resultó particularmente interesante para todo lo que sea accesorio y circundante a este lento emerger del niño como objeto de observación y experimentación. Al ser trasladado por un nombramiento universitario a Canadá contaba con suficiente tiempo para observar el desarrollo inicial de sus dos hijas mujeres nacidas respectivamente en 1889 y 1891. Estas observaciones inspiraron una serie de experimentaciones cuantitativas sobre el desarrollo infantil que luego causaron una fuerte impresión en un investigador europeo que se hizo conocido para todos nosotros por su teoría del desarrollo psíquico y mental, nos referimos a Jean Piaget.

Es necesario considerar el panorama social que se vivía durante el siglo XIX, marcado por un fenómeno que cambiaría para siempre la estructura de la familia, el núcleo de convivencia del cual emerge al nuevo ser. La revolución industrial iniciada en Inglaterra a fines del siglo XVIII y estableciéndose firmemente durante todo el siglo XIX, si bien fue un importante avance económico significó un desgarro tremendo en las estructuras de los lazos afectivos y familiares tradicionales (Burgière, Klapish-Zuber, & Zonabend, 1986). El traslado a las grandes ciudades industriales llevó a una vida precaria en condiciones de vivienda más precaria aún. Estas ciudades industriales creadas o más bien desarrolladas repentinamente por razones de provisión de energía y vías de comunicación para el traslado de la mercancía producida, no estaban preparadas para recibir la afluencia masiva de migrantes desde las zonas rurales.

Los autores citados, que estudiaron la historia de la familia (Burgière, Klapish-Zuber, & Zonabend, 1986), también cuentan que Francia demoró casi un siglo más en provocar los mismos fenómenos y en Latinoamérica sabemos que no fue hasta la segunda mitad del siglo XX que se generaron estos traslados masivos de la vida rural a las grandes ciudades. Con todo lo bueno y lo malo de este fenómeno económico-social.

Lo que hace que corran por carriles diferentes los desarrollos económicos y sociales por un lado y el descubrimiento de la evolución, el desarrollo y la maduración de los seres vivos por otro, es que se produce en capas sociales diferentes. Claramente, la formación del proletariado urbano, una consecuencia esencial de la revolución industrial, también dio lugar a los cambios políticos filosóficos iniciados por Marx, Engels y otros.

En las clases medias y altas se comenzaban a aplicar los resultados de estudios efectuados en cuanto a la evolución, y el desarrollo de los seres humanos, en particular de sus etapas más tempranas.

Sin embargo hubo que esperar a que declinara el siglo XIX, donde en los últimos años del mismo comenzaron a aparecer las primeras manifestaciones de alguien que definitivamente iba a producir en el campo del desarrollo humano la misma revolución, que se había generado en los medios de producción y a la vez en los enfoques políticos filosóficos de los cambios sociales consiguientes.

Si tenemos que poner nombres, elijo tres: Darwin, Marx y Freud.

Cualquiera sea la posición que hoy tomemos frente a estos tres gigantes de la historia, sería necio negar el enorme impacto que tuvieron sus contribuciones tanto sobre el pensamiento como sobre la realidad de los seres humanos, a partir del momento de sus presentaciones.

Como estamos haciendo **LA PRESENTACIÓN DE LA COLECCIÓN** sobre **Primera Infancia**, que lleva como subtítulo *La construcción psicosocial de un ser humano*, a lo largo de todos sus tomos, hemos incorporado la realidad de los cambios que se dieron en ambos carriles que mencionáramos más arriba: las consecuencias para el núcleo familiar de la migración hacia los centros industriales con el consiguiente hacinamiento, insalubridad, falta de alimentos de primera mano. Pero esencialmente, la ruptura del vínculo madre -bebé, ya que buena parte de esa fuerza laboral fue femenina. A este hecho de la separación madre-bebé se sumaron también elementos que actuaban en forma contraria a la unidad de los vínculos dentro del grupo nuclear de la pareja con sus hijos. Se comprobó un incremento del alcoholismo, además de estar facilitada la prostitución en los grandes centros urbanos, asociados a condiciones de vida miserable que forzaban a ello a muchas mujeres que no lograban insertarse en la fuerza laboral.

Y por el otro lado se daba el fenómeno de la evolución y el desarrollo, marcado por los descubrimientos de la teoría de la evolución pero más que nada de ese cuerpo teórico clínico generado por Freud y sus seguidores en los últimos 110 a 120 años.

Será entonces en eso en lo que centramos el trabajo de análisis crítico de las diferentes contribuciones realizadas a la mejor comprensión del desarrollo humano, con un foco particular en una etapa del mismo que prácticamente no había sido tenida en cuenta: las primeras etapas de la vida a partir del nacimiento y, más recientemente, incorporando partes de la vida intrauterina. Si bien el eje principal estuvo determinado durante las dos terceras partes del tiempo mencionado en los aportes de los psicoanalistas de primera y segunda generación, en el último tercio del siglo XX se dan innovaciones en el mismo campo psicoanalítico que vuelven a generar instrumentos muy poderosos para la comprensión de los fenómenos humanos y a la vez motivo de polémicas interminables, como sucede con toda innovación (ver al respecto el capítulo los PSICOANALISTAS INNOVADORES, y otro con el título de: EL PSIQUISMO COMO PARTE DE UN TODO).

Como si esto fuera poco, es necesario tener en cuenta también a todos aquellos innovadores que hicieron aportes significativos a diferentes aspectos del desarrollo infantil que no estaban enrolados en el movimiento psicoanalítico. Esto ha estado contemplado en un capítulo que forma parte de esta colección, LOS INNOVADORES, obsérvese que son innovadores sin el agregado de psicoanalistas diferenciándose así de aquel otro capítulo mencionado más arriba.

Damos fin con esta afirmación a lo que es LO ANTECEDENTE, a tomar en cuenta para emprender la lectura de los sucesivos tomos de esta colección.

Veamos a continuación cuál es la estructura propuesta para esta colección sobre la **PRIMERA INFANCIA**, *construcción psicosocial de un ser humano*; sabiendo que es aquello que se puede decir en el momento en que firmamos el cierre de esta presentación. Como en todo proceso evolutivo, madurativo y desde el desarrollo del pensamiento, todo hace pensar que en poco tiempo, aunque sea un par de años o unos pocos meses, habrá que aceptar la modificación de muchos aspectos de esta propuesta, la de un autor que se aventura a su lanzamiento. Esta colección no tiene futuro si no es tomada por todos aquellos que tienen contribuciones para hacer, con el espíritu de agregar evolución, desarrollo y maduración, a este nuevo campo, el de la primera infancia. A ellos les pido la colaboración que puedan brindar. Sólo me resta pedir a todos los lectores y en especial a mis colegas y a quienes contribuirán en el futuro la mayor comprensión que puedan dar a los errores que se mezclaron con las buenas intenciones en la presentación de esta colección, lo mismo vale para los primeros tres tomos que he tomado a mi cargo y que aparecerán a partir del primer cuatrimestre del 2013, continuando hasta fines del año en curso.

*Buenos Aires, 1 marzo, 2013.*

# Capítulo III

## La Infancia En Tres Grandes Territorios

**La Infancia En Salud: El Desarrollo Infantil Temprano Deseable.**

* El rol de la Cultura de pertenencia

* Los determinantes socio-económicos en el DIT

* El papel del Estado, en sus tres niveles republicanos

* Las políticas públicas vinculadas con la Infancia y el Núcleo Familiar.

**La Infancia Como Grupo Etáreo, Con Grados De Pertenencia Y Reconocimiento.**

* Los organismos Internacionales que enfocan la Infancia

* Las Organizaciones No Gubernamentales: el Voluntariado.

* La Responsabilidad Social Empresaria: alcances, logros, deficiencias y controles

* El rol de las Sociedades Profesionales y su lugar en la *Formación continua.*

* El lugar de las publicaciones especializadas; *el referato.*

* El papel de los Medios de Comunicación.

**La Infancia Con Padecimientos:**

* Temas diagnósticos

* Temas relativos a la corrección

* El concepto de prevención y de intervención temprana

### Compendio Que Dá Cuenta De La Infancia Actual

Hemos comenzado por los dos primeros territorios definidos más arriba para iniciar esta colección.

## En el Tomo I

*De lo colectivo a lo individual*

### Ideas Ordenadoras

Algunos conceptos centrales que condujeron el pensamiento del autor sobre el desarrollo de un complejo tema como es la construcción psicosocial de un ser humano, durante la Primera Infancia. Se pone el énfasis en UN ser humano, por jerarquizar el proceso de individuación que se desarrolla durante los primeros cinco años de vida.

### Apertura Mediante Interrogantes

Los principales interrogantes con que se encuentra toda persona que inicia su contacto con las particularidades del desarrollo infantil temprano, abreviado como DIT. Desde el período que abarca, hasta las diferentes influencias determinantes del proceso de formación, las preguntas acerca de las herramientas necesarias y de las consecuencias de la actuación laboral o profesional en este segmento del desarrollo humano.

### Ensayando Respuestas

En este capítulo el autor comienza a desarrollar algunas respuestas a los interrogantes surgidos en el capítulo anterior que no han terminado de desarrollarse debidamente. En capítulos que se mencionan durante el desarrollo de este primer volumen, se tratara de responder con mayor amplitud tanto a los interrogantes como a las respuestas ensayadas en este primer volumen.

## Tomos II y III

*El descubrimiento del "mundo interior" y su relación con el "exterior"*

(Incluirán los siguientes capítulos, no necesariamente en el orden presentado.)

### Orientación Al Lector

En este primer capítulo se plantean los interrogantes y las dificultades que surgen en el caso que se hace necesario elegir temas para una introducción conceptual a la primera infancia.

## CONFLUENCIAS Y PROGENIES

Los ascendientes y descendientes del conocimiento. Los orígenes en el siglo XIX que llevaron a las elaboraciones del siglo XX. La confluencia de conocimientos provenientes de los diferentes rincones del saber humano en lo que finalmente constituye el desarrollo infantil temprano. Con el apoyo de ocho gráficos se busca dar cuenta de estos recorridos.

## APORTES DEL PSICOANÁLISIS

Es difícil negar la contribución hecha por las diferentes generaciones conceptuales de esta nueva disciplina que cuenta con apenas 120 años. El aporte de un *inconsciente dinámico y de un sistema pulsional determinado por la sexualidad y la supervivencia,* son dos pilares fundamentales. De todos modos introdujo el concepto de un niño dotado y en condiciones de relacionarse desde el inicio de la vida, quizás aún antes. Da cuenta de un desarrollo mental muy precoz y describe en forma muy minuciosa el rol materno. En las últimas etapas del desarrollo psicoanalítico surgieron enfoques renovadores que no serán tratados en este capítulo que se centra en las bases sentadas por las dos o tres generaciones iniciales de esta disciplina.

## LOS INNOVADORES

En este capítulo se sintetizan las aportaciones realizadas por autores de muy distinta formación y procedencia, de culturas muy dispares, con ideologías muchas veces divergentes si se los intenta comparar. Sin embargo, todos tienen en común intentar la comprensión de lo que ocurre durante la primera infancia y la relevancia que tienen los temas que ocupan a estos pensadores y como consecuencia producen aportes de muy diversa índole.

## RELACIÓN, VÍNCULO, INTERACCIÓN

El ABC del psicoanálisis o de la psicoterapia en la época en que me tocó estudiarlo giraba en derredor de este concepto, ya que la escuela Argentina hizo contribuciones esenciales al cambio conceptual que llevó de la relación al vínculo. Habrá entonces una breve síntesis de la evolución conceptual que reúne en un mismo capítulo tres conceptos diferentes: la interrelación, la relación de objeto y el vínculo. Su comprensión es importante especialmente en el sentido de comprender que la vincularidad es el eje organizador de la segunda mitad de la historia evolutiva que tuvo el propio DIT.

## El Apego

La teoría del apego provino de un psicoanalista que sin embargo hizo un giro paradigmático habilitando por primera vez la verificación científica de algunos principios básicos postulados en el esquema conceptual del psicoanálisis. Iniciándose exactamente en la segunda mitad del siglo XX, llegó por medio de la construcción de algunos instrumentos de investigación empírica a la acumulación de una enorme cantidad de datos. El trabajo de los mismos investigadores, sumado al de muchos clínicos que tomaron estos nuevos conceptos para ordenar su trabajo permitió la elaboración de una serie de conocimientos con las siguientes ventajas: la predictibilidad en el DIT y su prolongación en etapas posteriores de la vida, de acuerdo al transcurrir de la primera infancia. La constatación de hechos conocidos en la intimidad de la diada madre bebé pudo extenderse entonces también a grupos poblacionales extensos, primer paso para poder tomar medidas preventivas y por lo tanto definir políticas públicas.

## La Resiliencia

Este tema se desarrolló científicamente en los últimos 40 años. Trajo mucho alivio tanto a padres como a profesionales el sentido que no todo el daño causado en una etapa temprana iba a tener efectos irreversibles para toda la vida. Se analizan estudios poblacionales con escasa intervención y estudios individuales en los cuales se acompañaba el proceso con una psicoterapia focalizada. Además se citan trabajos que explican los mecanismos auto-correctivos que preservan ciertos desarrollos que resultan esenciales al mejor funcionamiento del organismo, como el concepto de canalización y otros que garantizan ya desde la embriología y en la vida postparto hasta los 18 a 24 meses el desarrollo de determinadas funciones vitales.

# FUTUROS TOMOS

## SEGMENTO DIVIDIDO EN DOS CATEGORÍAS

**POR UN AUTOR EN PARTICULAR**

**EN COLABORACIÓN**

## CAPÍTULOS EN CAMINO DE ELABORACIÓN

### EL PSIQUISMO COMO PARTE DE UN TODO: EL SER HUMANO

En este capítulo se trabaja con la concepción moderna del sujeto de las interacciones, constituido en un individuo que está en vías de desarrollo hacia una individuación que haga justicia a sus dones y talentos. El trabajo de los psicoanalistas orientó al autor en lo que hace a la concepción del Self entendido en castellano como el sí mismo, o coloquialmente referido a *uno mismo, yo, uno*. Esta innovación trajo consigo una gran complejización de la clínica, pero especialmente en lo que nos concierne a nosotros en el campo del DIT, a la conducción de los procesos de encauzamiento del desarrollo hacia la salud, la individuación y la constitución de un sujeto fuerte, actor y agente en la vida personal y social. Junto con el desarrollo del concepto de la creatividad que nace de la espontaneidad orientada por las iniciativas hacia el campo de la acción, es el camino de la contribución a la vida social y comunitaria de cada individuo.

### LOS PSICOANALISTAS INVESTIGADORES

La contribución de los psicoanalistas que utilizaron métodos científicos de investigación, comenzó con el trabajo de Spitz a partir de 1940 y hasta su muerte en la década del 70. En este capítulo nos limitamos a describir con cierto detalle las investigaciones de este pionero, cuyos hallazgos aún siguen vigentes. Cerramos el capítulo con una síntesis de lo esencial que aportó Daniel Stern. Es quizás el analista investigador que hizo los aportes de mayor alcance. Sus aplicaciones van desde cambios sustanciales en la teoría, hasta un cambio en la descripción del desarrollo infantil temprano, centrado en las sensaciones y percepciones del sujeto, acerca de si mismo y del otro. Pero la obra de Stern hizo cambios esenciales en la clínica. No sólo el tratamiento de bebés y niños pequeños se benefició con estos avances. El grupo de estudios "procesos de cambio", de la ciudad de Boston, hizo significativos aportes a la clínica de adultos a partir de la década del 90 y en el nuevo milenio. Se puede decir que en muchos aspectos hay un antes y un después de Stern.

## TRABAJO COLABORATIVO CON OTROS AUTORES

### INICIATIVA Y RESPUESTA AMBIENTAL

La posibilidad concreta que el sujeto emergente tenga una participación activa en el desarrollo infantil temprano fue fundamentada con estudios empíricos sobre la presencia de la iniciativa en bebés desde el nacimiento en adelante. En una primera etapa comenzando en 1981, el autor inició investigaciones dentro del marco de su formación en la especialidad de investigación en salud mental. En las mismas pudo establecer cuatro iniciativas básicas: la exploración, el contacto con la madre, la experimentación y el juego. Estos trabajos han sido publicados en revistas de referato del hemisferio norte. A partir de 2004 la licenciada Soledad Martín logró la confirmación de los resultados obtenidos inicialmente, pero en bebés de lactancia materna con edades de cero a cuatro meses, como parte de su vez tesis doctoral en la Universidad de Salamanca. La iniciativa no puede ser indiferente al medio ambiente: desde la madre que se alegra por los logros de su hija, hasta la que está decidida a impedir cualquier expresión de autonomía en su bebe, existe todo un rango de comportamientos en población sin motivo de consulta. Este capítulo es el único en el que se presenta investigación empírica propia y novedosa.

### ELEMENTOS VINCULARES EN EL CAMPO EDUCATIVO

Sólo brevemente se aplicarán algunas de las cosas desarrolladas en los capítulos previos a los diferentes vínculos que existen en el campo educativo institucionalizado. Nos referimos particularmente a los jardines maternales y comienzan con salas dos, y tres, extendiéndose luego al sistema público -al menos aquel que cuenta entre sus propuestas las salas de cuatro y de cinco. Ésta última hoy en día está formando parte de la currícula del sistema educativo oficial.

## UBICARSE Y DECIDIR

### OPCIONES BÁSICAS, ALTERNATIVAS Y COOPERACIÓN

Este capítulo intenta orientar a las muchas personas en contacto con la primera infancia, con muy diversas formas de abordaje de la primera infancia, a que pueda de alguna manera elaborar su ubicación y entonces decidir su punto de inserción. Es un capítulo que surge de la necesidad de dilucidar los alcances de las múltiples formaciones desde tecnicaturas, especializaciones, estudios terciarios, y títulos profesionales, que a veces tienden a confluir con otros campos del saber y del hacer. Esto se constituyen un riesgo cuando desde un campo determinado del saber se desea ingresar en otra disciplina, sin haber logrado previamente una homologación suficiente en su hacer y saber.

### REFLEXIONES SOBRE LA INTERVENICIÓN TEMPRANA

La intervención temprana cuenta con aproximadamente 50 años en el hemisferio occidental entendido como una intervención reglada con el fin de prevenir un determinado descarrilamiento en el desarrollo infantil temprano. En realidad comenzó como un intento de compensar los déficits que mostraban ciertos niños, en situación socioeconómica marginal, que dificultaba incorporarlos a los sistemas escolares a la edad habitual. Por eso se les dio la oportunidad de obtener una cierta ventaja previa (head Start) al momento de ingresar al sistema educativo. Las intervenciones se volvieron muy numerosas pero las esperanzas de lograr lo que se buscaba se vieron limitadas por estudios metaanalíticos que no confirmaban las expectativas. En el disco de datos complementario se introduce la traducción de las conclusiones del libro que quizás mejor refleje esta situación: "De la Neurona al Vecindario". Uno de los puntos críticos señalados es que los cambios económicos producidos en época de bonanza no modificaron sustancialmente la situación de las parejas parentales. Además, que la gran cantidad de investigaciones científicas no se han traducido en modificaciones significativas de los modelos conceptuales, clínicos y de intervención, sobre la amplia base de la mayoría de los centros de trabajo; con la excepción de algunos centros de excelencia.

✿

# GLOSARIO *

Mucho de los términos empleados serán fácilmente reconocibles por quienes los usan en su vida cotidiana debido a su formación previa o las actividades que realizan. Sin embargo no todos los lectores que se acercarán a estos escritos tendrán esa facilidad por lo cual se ha incluido un mínimo de definiciones de los términos que se prestan alguna duda acerca de su definición, o a la interpretación que puedan hacerse de los mismos.

꧁ ꧂

# Bibliografía General*

Se ordenará al final del escrito el total de referencias bibliográficas siguiendo para ello el estilo APA.

# Bibliografía

Ageitos, M., Krupitzky, S., Anigstein, A., & Anzorena, O. G. (1995). Programa de capacitación y motivación en crecimiento y desarrollo. *Arch Arg Pediat*, 167-170.

Aragon, N. (1995). Rol social de la pediatría. *Arch Arg Pediat*, 285-286.

Aries, P. (1960 (1988)). *Geschichte der Kindheit (Historia de la Infancia)*. München: DTVerlag.

Aries, P. (1965). *Centuries of Childhood*.

Beloff, M. (1993). Niños y Jovenes: los olvidados de siempre. En B. Julio, & S. Maier, *El nuevo código procesal penal de la Nación.Análisis crítico*. Buenos Aires: Ediciones del Puerto.

Burgière, A., Klapish-Zuber, C., & Zonabend, F. (1986). *Historia de la Familia*. Madrid: Alianza Editorial, S.A.

Ceriani, J. (1994). Discurso inaugural- . *XXX Congreso Argentino de Pediatría* (págs. 36-39). Buenos Aires: Boletín informativo de la SAP.

Cusminsky, M. (1992). Violencia en la Infancia. *Arch Arg de Pediat*, 159-168.

Hoffmann, J. (1995). Avec ennui, incrédutilté et abscence de ráction. *Le Coq-Héron*, 15-19.

Hoffmann, J. (2000). Psiquiatría de la Primera Infancia. En A. Garcia Grau, *Psiquiatría y Psicología de la Primera Infancia* (págs. 60-79). Buenos Aires y otras: Panamericana.

Hoffmann, J. M. (2002). La Falta de un Lugar: causales de la violencia contra la Infafancia. *Revista Uruguaya de Psicoterapia*.

Kouno, A., & Johnson, r. a. (1994 - Vol 19, Nr. 1). Child Abuse los elementos centrales de un trabajo-locker babies. *Child Abuse & Neglect*, 25-31.

Mause de, L. (1988). *The History of Childhood.* New York: Peter Bedrick Books.

Minde, K. y. (1986). *Infant Psychatry.* Beverly Hills & London: SAGE Publications.

Pedra, C. (1995). Pediatría, Interdisciplina y comunidad. *Soc Arg de Pediatría. Boletín informativo*, XXIII (2) 19-20.

Reiniger, A., Robinson, E., & McHugh, M. (1995). Mandatede training of professionals: a means for improving reporting of suspected child abuse. *Child Abuse & Neglect*, 63-69.

Robertson, P. (1988). Home as a Nest: Middle Class Childhood in Nineteenth-Century Europe. En L. Mause de, *The History of Childhood* (págs. 408-431). New York: Peter Bedrick Books.

Sagan, L. (1991). *True causes of health and illness.* New York: Basic Books.

Skeels, H. (1966). *Adult Status of Children with Contrasting Early life Experiences.* Chicago: Society of Research in Child Development, Monograph Series.

Terr, L. (1990). ¿Who is afraid in Virginia Woolf? *The Psychoanalytic Study of the Child*, 533-536.

Ziegler, E. (1993). Reeinstituting the White House Conference on Children. *Amer J of Orthopsych*, 334-336.

# SOBRE EL AUTOR

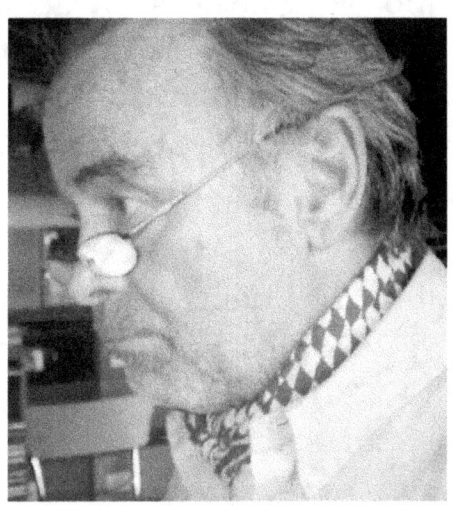

## MIGUEL HOFFMANN

Nacido en Buenos Aires de padres europeos, recibió su formación inicial como alumno de la primera escuela Waldorf de la Argentina. Desde la escuela primaria sintió la vocación por la medicina inspirado en figuras como Albert Schweitzer, y los investigadores tempranos en la microbiología. Formado en la Universidad jesuítica de Buenos Aires recibió formación filosófica y psicológica durante la carrera de grado.

Comenzó ejerciendo la psiquiatría general mientras esperaba ser admitido por el Instituto de Psicoanálisis donde finalizó sus estudios en 1977. El trabajo de consultorio durante quince años llevó a reflexionar sobre los orígenes y el alto costo de la patología. Buscando entonces la prevención temprana y un mayor acercamiento a la Psicología del Self decidió formarse nuevamente. Ésta vez por invitación de Heinz Kohut, en la ciudad de Chicago, donde cursó dos fellowships, uno en investigación en Desarrollo Humano y otro en Psiquiatría Infanto-Juvenil con especialización en los primeros tres años de vida.

Regresó a la Argentina para fundar un centro de investigaciones en desarrollo infantil temprano en 1984, que continúa hasta el presente. Adhirió a la Asociación Mundial de Salud Mental de la Primera Infancia (waihm.org), organización que lo distingue con once años de participación en el Comité Ejecutivo en distintos cargos desde 1989 hasta el 2000. En esa oportunidad renunció a la reelección para dedicarse de lleno al trabajo comunitario y de investigación en métodos de intervención temprana.

Es presidente honorario de la Sociedad Argentina de Primera Infancia (sapi.org.ar). Autor de *"Los Árboles No Crecen Tirando De Las Hojas"* que ya alcanza su cuarta edición. Ha publicado más de cincuenta trabajos en revistas científicas y más de veinte en revistas de divulgación, y ha presentado más de ciento cincuenta ponencias en congresos científicos nacionales, regionales e internacionales.

Participa como miembro del comité académico y como docente de la primera especialización en desarrollo psíquico temprano, en la Universidad Nacional de Cuyo de 2006 a 2010, formándose así dos promociones. Otros datos sobre su trabajo intelectual y de campo se encuentran en *primerainfancia.com.ar* y en *semanadelainfancia.net*. Allí también está disponible muestra de los trabajos publicados y detalles de su *currículum vitae*.

# Tambien Disponible

## Los Arboles No Crecen Tirando De Las Hojas

### www.primerainfancia.com

Miguel Hoffmann ayuda a los padres a preservar la espontaneidad y desarrollar la creatividad de sus hijos y acompaña a los niños en su camino hacia la felicidad. El desarrollo humano es un proceso que dura toda la existencia pero los comienzos tienen un valor decisivo. Los bebés tienen iniciativa, voluntad propia y capacidad de elegir. Son individuos desde el primer momento de su vida. Su individualidad está determinada por sus dotaciones genéticas pero también por las vivencias de su historia intrauterina y las experiencias de sus primeros meses en el mundo.

## El Ser, La Persona, Uno, Yo y Uno Mismo

### amazon.com/author/miguel.hoffmann

Miguel Hoffmann nos presenta una forma de contemplar la vida como la organización biopsicosocial que logra un ser viviente que se va constituyendo en persona. Se habla de diferenciar los usos coloquiales del Yo, de conceptos como Identidad, Autoimagen y Autoestima, de 'Ser uno mismo' como opuesto a 'siempre hago lo que esperan de mí'. Expone un desarrollo humano que culmina en la constitución del modo de ser que caracteriza a la persona, distinta de los Otros. Persigue comprender la individuación como proceso del desarrollo humano, diferente a la individualidad, patología del no-Ser-suficientemente-Uno Mismo. El modo de ser abarca la integridad, explica la creatividad y diferencia el coraje del sinsentido. Un psicoanalista y escritor nos habla del SER, porque además de ser tema técnico, es de interés general saber para qué sirve el SER.

# Primera Infancia:
## La Construccion Psicosocial De Un Ser Humano
## (Tomo 1)

### amazon.com/author/miguel.hoffmann

Hoy el conocimiento trasciende el ámbito de lo intrapsíquico y de lo individual y se centra en el fenómeno interpersonal, no solo a nivel del mundo interno de quienes intercambian, incluyendo las acciones y omisiones en los vínculos bi- y multi- personales. Se agrega el creciente conocimiento del funcionamiento psiconeuroinmunológico (PINE), del impacto de lo genético, de la integración del concepto de "desencadenante" y de las ideas de Reciprocidad, donde el bebe deja de ser un receptor pasivo y pasa a ser agente co-determinante no sólo de sus relaciones sino también de su propio desarrollo. El nuevo Ser, aún emergente, se construye en la vincularidad, pero también en los aportes de la individualidad que todo Ser posee. Así como el orden cromosómico es cuasi infinito, también lo son las características individuales del comportamiento. Es central en el pensamiento de este autor el concepto relacional de interdependencia recíproca, que cristaliza en el concepto de la vincularidad. Concepto en el cual la presencia de dos individuos suma más que uno + uno. Esta centralidad de lo interpersonal, no se limita al vínculo materno- filial, y se extiende a las diversas capas concéntricas de relación desde lo más íntimo del núcleo de convivencia hasta lo más externo de los determinantes culturales políticos y sociales. Toda falla en ese entramado relacional incide en el destino de la construcción del ser emergente, pero también de sus progenitores y familiares. El rol del Estado, de las políticas públicas, de los conflictos culturales —o de su armonía- en un contexto de Sociedad Civil organizada por sus Comunidades, tiene a su vez un DESARROLLO, todo eso forma parte de una comprensión de la PI como un Nuevo Campo. Nuevo Campo del saber, del hacer, del entender, del investigar, del relevamiento de datos tan necesarios para mejorar el conocimiento. Por eso la pregunta: ¿De dónde partimos en nuestra exploración del Nuevo Campo?

# HOFFMANN/CIAD

La serie Primera Infancia está disponible en formato electrónico / eBook y en formato impreso / Papel. Para comunicarse con este autor o para información sobre publicaciones Hoffmann / CIAD, puede escribir a:

hoffmann.publica@gmail.com